Я ГОВОРЮ ПО-РУССКИ!

Je parle russe !

Grammaire pour débutants

40 fiches avec exercices simples et ludiques pour prendre un bon départ en russe

Maria ZELTCHENKO

ellipses

L'auteur tient à remercier
Michel Tavernier et Catherine Hoden
pour leurs précieux conseils
lors de la relecture de ce manuscrit.

ISBN 2-7298-1440-X

www.editions-ellipses.com

A qui s'adresse ce livre ?

☑ A tous ceux qui débutent l'apprentissage du russe, seuls ou avec un professeur.

☑ A ceux qui souhaitent réviser, réactualiser leurs connaissances.

☑ Aux élèves du secondaire soucieux d'améliorer leur niveau, de combler des lacunes éventuelles, de se sentir plus à l'aise en russe.

L'objectif de ce bloc-notes est de vous permettre de **vous exprimer, communiquer rapidement en russe**, tout en privilégiant une approche raisonnée de la langue.

La grammaire est considérée ici comme un outil au service de la **communication**. De ce fait, chaque règle n'est là que parce que la connaître permet de dire un certain nombre de choses, les exercices qui suivent incitent à le faire.

L'ensemble s'inscrit dans une progression, les exercices de chaque chapitre font appel à ce qui a été appris antérieurement. N'hésitez pas à relire, réviser régulièrement les fiches déjà lues !

Chaque fiche comprend des phrases ou de courts dialogues qui illustrent le contenu grammatical et lexical. Ils vous serviront aussi de modèle pour votre expression et vous aideront à réussir les exercices qui suivent.

Le vocabulaire employé (basique) est soit traduit en français, soit illustré, soit « transparent ». Il est entièrement repris sous forme de liste alphabétique, à la fin du livre.

L'annexe contient également les corrigés des exercices et propose des tableaux récapitulatifs.

Sommaire

Avai

☑ Le russe est **u** onais, le serbo-croate, le tchèque, le bulgare, l'ukrainien...).

☑ Parlée par près de 150 millions de Russes, comprise par 400 millions d'habitants de l'ensemble des pays de l'Europe centrale et orientale, **c'est la langue la plus répandue en Europe**.

☑ Le russe s'écrit à l'aide de **l'alphabet cyrillique** (à l'instar du bulgare ou de l'ukrainien, et contrairement au polonais ou au tchèque qui se servent de l'alphabet latin). Cet alphabet doit son nom au moine byzantin Cyrille (IXe siècle), son créateur. Inspiré de l'alphabet grec, il contient 33 lettres. L'écriture cyrillique est phonétique (chaque lettre correspond à un son), ce qui facilite son apprentissage.

Fiche 1

Alphabet cyrillique

Lettre	Prononciation	Comme...
Аа	a	pâte
Бб	b	**b**alle
Вв	v	**v**ous
Гг	g	**gu**erre
Дд	d	**d**ame
Ее	yè* // è	pi**è**ce // m**ai**
Ёё	yo* // o	**yo-yo** // m**o**t
Жж	j	**g**este
Зз	z	**z**èbre
Ии	i	r**i**z
Йй	ï	**ï**ode
Кк	k	**c**ode
Лл	l	**l**oup
Мм	m	**m**on
Нн	n	**n**ord
Оо	o	p**ô**le
Пп	p	**p**ort
Рр	r (roulé)	en italien : p**r**esto
Сс	s	**s**alle
Тт	t	**t**out
Уу	ou	**ou**rs
Фф	f	**f**leur
Хх	kh	en allemand : Ba**ch**
Цц	ts	**ts**ar
Чч	tch	sandwi**ch**
Шш	ch	**ch**at
Щщ	ch'	**ch**ien
ъ	signe dur (lettre muette)	ne se prononce pas
ы	i dur (son entre i et ou)	pas d'équivalent
ь	signe mou (lettre muette)	ne se prononce pas
Ээ	è	**e**lle
Юю	you* // ou	**You**ri // n**ou**s
Яя	ya* // a	Go**ya** // p**a**s

* On prononce **yè, yo, you, ya** en début de mot, après une voyelle, après ь et ъ.

A vous de jouer !

① **Voici, pour vous entraîner, une liste de mots « transparents ». Vous devriez pouvoir les comprendre aisément. Pour cela, il suffit de les déchiffrer, lettre par lettre. Essayez, et vous verrez ! Ecrivez la traduction en face de chaque mot :**

парк	PARK	мáма	MAMA
спорт	SPORT	пáпа	PAPA
суп	SOUP	лáмпа	LAMPA
банк	BANK	кáрта	KARTA
бокс	BOKS	футбóл	FOUTBOL
текст	TÈKST	банáн	BANAN
стоп	STOP	студéнт	STOUDENT
факс	FAKS	тури́ст	TOURIST
класс	KLASS	метрó	MÈTRO
тигр	TIGR	такси́	TAKSI
шеф	CHÈF	ресторáн	RÈSTORAN
фильм	FIL~M	телефóн	TÈLEFON
кинó	KINO	телеви́зор	TELEVIZOR
киóск	KIOSK	библиотéка	BIBLIOTEKA
теáтр	TÈATR	трáнспорт	TRANSPORT
атлéт	ATLET	университéт	OUNIVÈRSITÈT

② **Ecrivez ces mots en russe. Chaque case correspond à une lettre :**

vodka В О Д К А

spoutnik С П У Т Н И К

samovar С А М О В А Р

balalaïka Б А Л А Л А Й К А

Fiche 2

Lire en russe

▪ L'accent tonique

Observez la liste des mots de la page 7. Vous remarquerez que les mots de plus d'une syllabe sont accentués. L'accent tonique est très important en russe. C'est un accent d'intensité. Appliquez-vous à bien « appuyer » sur la voyelle accentuée, c'est le gage d'une prononciation correcte ! Notez que la voyelle ё est toujours accentuée.

▪ La réduction vocalique

C'est un phénomène lié à l'accent tonique : une voyelle non accentuée est « réduite », c'est-à-dire, non seulement plus brève, mais aussi moins distincte, au point qu'on n'entend quasiment pas la différence entre /o/ et /a/, entre /e/ et /i/. Plus une voyelle est éloignée de la syllabe accentuée, plus la réduction est importante. Pour avoir une prononciation correcte, entraînez-vous à prononcer /o/ non accentué presque comme /a/.

▪ Les consonnes dures et molles

Une même consonne russe peut être dure ou molle (mouillée). Dites « **do** » - « **di** », « **no** » - « **ni** ». Percevez-vous une légère différence dans la prononciation de la consonne ? Dans le premier cas elle est plus « dure », dans le deuxième, plus « molle », à cause de la langue qui s'approche du palais (la consonne est palatalisée). Faible en français, cette différence est amplifiée en russe.

☑ Une consonne est dure à la fin d'un mot, devant les voyelles а, о, у, ы, э et devant le signe dur (ъ).

☑ Une consonne est molle devant les voyelles е, ё, и, ю, я et devant le signe mou (ь).

Certaines consonnes échappent à cette règle : ц, ж, ш sont toujours dures ; ч, щ et й, toujours molles.

▪ L'assourdissement des consonnes

Si un mot se termine par une consonne sonore, elle se prononce comme une consonne sourde correspondante : /b/ devient /p/, /d/ devient /t/ etc. Cela explique les deux orthographes en français pour les noms de famille russes : Tchékho**v** et Smirno**ff.** En russe, on écrit /v/, mais on entend /f/.

A vous de jouer !

① **Revenez à la liste de mots page 7. Vous les avez déchiffrés tout à l'heure, maintenant, lisez-les à voix haute en vous appliquant (et en appliquant les règles ci-dessus) !**

② **Voici une liste de mots faciles. Lisez-les et essayez de les retenir :**

дом *(maison)*, кот *(chat)*, стол *(table)*, стул *(chaise)*, окно́ *(fenêtre)*, дверь *(porte)*, журна́л *(magazine)*, газе́та *(journal)*, кни́га *(livre)*, класс *(classe)*, ла́мпа *(lampe)*, ка́рта *(carte)*, ру́чка *(stylo)*, каранда́ш, *(crayon)*, портфе́ль *(cartable)*, тетра́дь *(cahier)*, уро́к *(leçon)*, маши́на *(voiture)*, пальто́ *(manteau)*, ша́пка *(chapka, bonnet de fourrure)*, су́мка *(sac)*, ко́фе *(café)*, парк *(parc)*, мо́ре *(mer)*, фами́лия *(nom de famille)*, Росси́я *(Russie)*, Москва́ *(Moscou)*.

③ **Mots en escalier :**

1							
2							
3							
4							
5							
6							

1 – maison
2 – leçon
3 – livre
4 – Moscou
5 – nom de famille
6 – crayon

Fiche 3

Qui ? Quoi ? Premières phrases

кто	qui
что [chto]	quoi
э́то	ça, cela, ceci
да	oui
нет	non

Кто э́то?
Qui est-ce ?

Э́то Ма́ша.
C'est Macha.

Кто э́то?
Qui est-ce ?

Э́то кот.
C'est un chat.

Что э́то?
Q'est-ce que c'est ?

Э́то дом.
C'est une maison.

Э́то Москва́?
C'est Moscou ?

Да, э́то Москва́!
Oui, c'est Moscou !

Э́то Москва́?
C'est Moscou ?

Нет, э́то не Москва́!
Э́то Санкт-Петербу́рг!
Non, ce n'est pas Moscou !
C'est Saint-Pétersbourg !

- ☑ Il n'y a pas d'article en russe.
- ☑ Le verbe « être » n'est pas exprimé au présent.
- ☑ La particule не exprime la négation : Э́то не Москва́!
- ☑ On dit « qui » pour désigner des animaux.
- ☑ Intonation : Кто э́то? Э́то кот. Э́то Москва́?

A vous de jouer !

① **Complétez avec les mots manquants. Traduisez :**

1. - Что .... ? – Э́то дом.
2. – Э́то ....? – .... , э́то Москва́!
3. - .... э́то? – Э́то кот Пушо́к!
4. – Э́то Пари́ж? – Нет, э́то .... Пари́ж! .... Лилль!

② **Regardez les images et faites les phrases selon le modèle (tous les mots nécessaires sont dans l'exercice 2, page 9) :**

- Что э́то?
- Э́то дом.

Fiche 4

Qui est qui ?

Le prénom, le patronyme, le nom de famille

Э́то Ма́ша. *C'est Macha.*

Э́то Мари́я. *C'est Maria.*

Э́то Мари́я Влади́мировна.
C'est Maria Vladimirovna.

Э́то Мари́я Влади́мировна Соколо́ва.
C'est Maria Vladimirovna Sokolova.

Э́то Стёпа. *C'est Stiopa.*

Э́то Степа́н. *C'est Stépan.*

Э́то Степа́н Андре́евич.
C'est Stépan Andréevitch.

Э́то Степа́н Андре́евич Ильи́н.
C'est Stépan Andréevitch Ilin.

☑ Si on tutoie quelqu'un, on emploie systématiquement son prénom diminutif : Ма́ша est celui de Мари́я, Стёпа – celui de Степа́н.

☑ Dans un cadre plus officiel (équivalent en français de Monsieur... ou Madame...) on appelle la personne par son prénom suivi de son patronyme. Le patronyme signifie littéralement « fils ou fille de... ». Il est formé à partir du prénom du père, avec le suffixe –ович (-евич) pour les hommes et –овна (-евна) pour les femmes : Мари́я Влади́мировна (fille de Vladimir) ; Степа́н Андре́евич (fils d'Andreï).

☑ Dans les noms de famille des femmes –a est la marque du féminin : Соколо́в / Соколо́ва, Ильи́н / Ильина́.

A vous de jouer !

① **Lisez ces prénoms russes et trouvez leurs équivalents français :**

Алексе́й		Ната́лья	
Серге́й		Екатери́на	
Алекса́ндр		Елизаве́та	
Степа́н		Ю́лия	
Михаи́л		Со́фья	

② **Les Russes emploient beaucoup de diminutifs. Saurez-vous deviner qui est qui ? Reliez les prénoms aux diminutifs correspondants :**

Ната́ша	И́ра	Ри́та	Та́ня	Ка́тя

Ири́на	Екатери́на	Татья́на	Ната́лья	Маргари́та

Са́ша	Ди́ма	Бо́ря	Ко́ля	Я́ша

Дми́трий	Никола́й	Я́ков	Алекса́ндр	Бори́с

③ **Est-ce un homme ou une femme ? Entourez la bonne réponse :**

1. Я́ша H / F
2. Раи́са Ива́новна H / F
3. Та́ня H / F
4. Серге́й Влади́мирович H / F
5. А. Петро́ва H / F
6. Д. Семёнов H / F

④ **Quel est le prénom de leur père ?**

1. Бори́с Серге́евич ....
2. А́нна Анто́новна ....
3. А́лла Никола́евна ....
4. Оле́г Ива́нович ....

Fiche 5

Saluer, se présenter

Приве́т!	Salut !
Здра́вствуй! [Zdrastvouï]	Bonjour ! (tu)
Здра́вствуйте! [Zdrastvouïtié]	Bonjour ! (vous)
До свида́ния!	Au revoir !
Пока́!	Salut ! Ciao ! (au revoir)
Как тебя́ зову́т? /А тебя́?	Comment t'appelles-tu ? / Et toi ?
Как вас зову́т? /А вас?	Comment vous appelez-vous / Et vous ?
Как твоя́ фами́лия?	Quel est ton nom de famille ?
Как ва́ша фами́лия?	Quel est votre nom de famille ?
Меня́ зову́т	Je m'appelle...
Моя́ фами́лия -	Mon nom de famille est .....

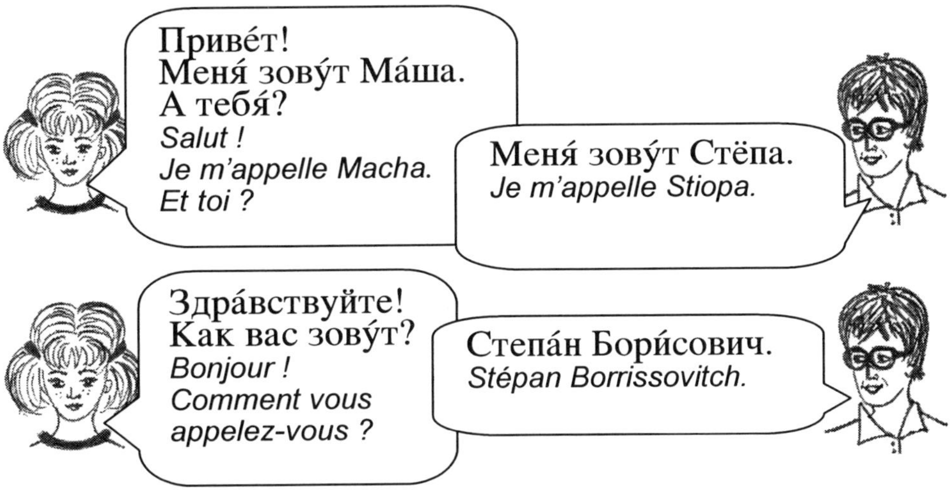

☑ Lorsqu'on salue quelqu'un en russe, on dit littéralement : « porte-toi bien » ou « portez-vous bien ». –те dans « Здра́вствуйте! » est la marque du vouvoiement ou du pluriel.

☑ On dit littéralement : « Comment t'appelle-t-on ? - On m'appelle... », cela explique la répétition de la même forme du verbe : зову́т.

A vous de jouer !

① **Lisez ces dialogues et traduisez-les en français :**

1. – Приве́т, Та́ня! – Приве́т, И́ра!
2. – Здра́вствуйте, Ива́н Петро́вич! – Здра́вствуй, Ната́ша!
3. – Здра́вствуйте! Как вас зову́т? – Меня́ зову́т Жак.
– А как ва́ша фами́лия? – Моя́ фами́лия - Дюва́ль.
4. – Пока́, Са́ша! – Пока́, Ка́тя!

② **Complétez ces répliques avec les mots qui manquent :**

1. ...., А́нна Никола́евна!

2. .... зову́т Ната́ша. А ....?

3. .... ва́ша фами́лия?

4. .... фами́лия - Петро́в.

5. – ....?

– Меня́ зову́т Серге́й Ви́кторович.

③ **Que dites-vous en russe pour :**

saluer un copain	
saluer votre professeur	
saluer un groupe de personnes	
demander à un(e) inconnu(e) son nom de famille	
vous présenter ?	

Fiche 6

Masculin, féminin ou neutre ?

L'article n'existant pas en russe, c'est **la désinence** (la terminaison) du nom qui renseigne sur son genre. Il y en a trois, à la différence du français.

masculin	féminin	neutre
désinence « zéro » : noms en consonne	**désinence** -а/-я	**désinence** –о/-е
дом *maison* стол *table* ма́льчик *garçon* каранда́ш *crayon* музе́й *musée*	кни́га *livre* Москва́ *Moscou* де́вочка *fillette* Росси́я *Russie* ту́фля *chaussure*	окно́ *fenêtre* сло́во *mot* вино́ *vin* кино́ *cinéma* мо́ре *mer*
pronom : ОН	pronom : ОНА́	pronom : ОНО́

Mais attention !

☑ Quelques noms masculins désignant les personnes se terminent en –а/-я : па́па *papa*, де́душка *grand-père*, мужчи́на [mouchchina] *homme*, ainsi que de nombreux diminutifs : Са́ша, Ми́ша, Ди́ма, Ва́ня, То́ля ...

☑ Les noms en signe mou (-ь) sont les seuls dont on ne peut pas déduire le genre d'après leur forme. Ils sont le plus souvent masculins : портфе́ль *cartable*, день *jour*..., mais quelques-uns sont féminins. Retenez :
дверь f *porte*, тетра́дь f *cahier*, ночь f *nuit*, це́рковь f *église* ...

☑ Une exception : ко́фе *café* est masculin.

☑ À la différence du français, le pronom est sujet dans les phrases : Э́то он. C'est lui. Вот она́. La voici.

A vous de jouer !

①. Donnez le genre des noms ci-dessous et entourez l'intrus qui s'est glissé dans chaque série :

1. дом, музе́й, окно́, телефо́н, класс
2. кни́га, о́пера, пижа́ма, па́па, ма́ма
3. ту́фля, Фра́нция, Росси́я, То́ля
4. кино́, сло́во, мо́ре, ко́фе, ра́дио
5. тетра́дь, дверь, ночь, портфе́ль
6. де́душка, де́вочка, мужчи́на, па́па

② Regardez les images et faites les phrases selon le modèle :

Э́то стол. Вот он. *C'est une table. La voici.*

Fiche 7

Où ?

где?	où ?
вот	voici
тут, здесь	ici
там	là-bas
спра́ва	à droite
сле́ва	à gauche
до́ма	à la maison

☑ Notez à nouveau l'absence du verbe « être ».

☑ Les compléments de lieu ci-dessus servent uniquement à dire **le lieu où l'on se trouve (et non le lieu où l'on va !** Nous verrons cela plus loin).

☑ « Et » se dit de 2 façons différentes :
и = coordination : Вот музе́й и река́. Voici le musée et le fleuve.
а = opposition : Музе́й сле́ва, а река́ спра́ва. *Le musée est à gauche, et le fleuve, à droite.*

A vous de jouer !

① **Lisez et traduisez en français :**

1. - Вот шко́ла! – Где? Спра́ва? - Нет! Спра́ва, это по́чта. А шко́ла там, сле́ва! Вот она́!
2. – Э́то у́лица Че́хова? – Нет, э́то у́лица Пу́шкина. – А где у́лица Че́хова? – Она́ спра́ва, там, где це́рковь и музе́й!
3. – Ой, что э́то там? Река́? – Да, э́то Нева́!
4. Вот гости́ница КО́СМОС: здесь бар, а там рестора́н и казино́.
5. - Э́то порт, а там парк. - А где го́род? – Он там, сле́ва!

Vocabulaire :

го́род	ville	шко́ла	école	музе́й	musée
у́лица	rue	це́рковь (f)	église	река́	fleuve
по́чта	poste	кафе́	café (lieu)*	гости́ница	hôtel

*ne pas confondre avec la boisson : ко́фе

② **Complétez et poursuivez le dialogue entre le guide et le touriste :**

- Где по́чта?
- ....
- А тут, э́то теа́тр?
- Где?
- ....!
- Да, э́то теа́тр!

- А где метро́?
- ....!
- А там, спра́ва, что э́то?
- ....!

A vous de continuer !

Fiche 8

Le pluriel

Pour former le pluriel, on change la désinence du nom (revoyez, page 16, les désinences du nom au singulier).

masculin et féminin : désinence -Ы (type dur) **/** -И (type mou)

журнал	журна́л-ы
газе́т-а	газе́т-ы
портфе́ль	портфе́л-и
музе́й	музе́-и
ту́фл-я	ту́фл-и
тетра́дь	тетра́д-и

neutre : désinence -А (type dur) **/** -Я (type mou)

окн-о́	о́кн-а
мо́р-е	мор-я́

☑ Un nom est du type dur lorsque son radical se termine en consonne dure ; il est du type mou lorsque son radical se termine en consonne molle (revenez page 8 pour savoir dans quel cas une consonne et dure ou molle). Retenez que les noms qui se terminent en -ь, -й, -я, -е appartiennent au type mou.

☑ Après les chuintantes ж, ч, ш, щ et les gutturales г, к, х on écrit toujours и :
каранда́ш – карандаши́ ; река́ – ре́ки ; кни́га–кни́ги.

☑ Quelques noms masculins ont le pluriel en –а́/-я́ . Retenez :
дом – дома́ ; го́род–города́ ; учи́тель–учителя́.

☑ Quelques noms d'origine étrangère sont invariables. Ils ne changent donc pas au pluriel : кино́, метро́, пальто́, кафе́, ко́фе, такси́...

A vous de jouer !

① **Ы ou И ? Complétez avec la bonne désinence du pluriel :**

шко́л.....	газе́т....	ма́льчик....	магази́н....
рестора́н....	журна́л....	портфе́л....	теа́тр....
библиоте́к....	кни́г....	су́мк....	карандаш....

② **Regardez les images et faites des phrases selon le modèle :**

- Что э́то?
- Э́то газе́ты.

....

....

....

....

....

....

....

....

....

....

....

....

....

....

....

....

....

....

....

....

....

....

....

....

③ **Faites une liste de ce qu'on peut voir dans une grande ville :**

Дома́, маши́ны, ...

....

....

....

Fiche 9

Les pronoms personnels

я	je	мы	nous
ты	tu	вы	vous
он,она́, оно́	il, elle, --(neutre)	они́	ils, elles

☑ Vous êtes maintenant habitués à l'absence du verbe « être ». Notez qu'il y a un tiret entre le sujet et l'attribut du sujet, sauf lorsque le sujet est un pronom personnel : А́нна – актри́са. Она́ актри́са.

☑ On dit « Э́то я ; э́то ты ; э́то они́ » etc., alors qu'en français on emploie dans les mêmes phrases une forme indirecte des pronoms : « c'est moi, c'est toi, ce sont eux » etc.

☑ Aux 3 pronoms singuliers de 3ème personne : он (masculin), она́ (féminin) et оно́ (neutre), correspond un seul pronom pluriel : они́.

A vous de jouer !

① **Lisez en traduisez en français. Notez que certains métiers (occupations) ont une seule forme pour le masculin et le féminin, alors que d'autres ont une forme propre au féminin :**

1. Он актёр.
2. Вы учи́тельница?
3. Я шофёр.
4. Она́ журнали́стка.
5. Вы директри́са?
6. Она́ врач.
7. Ты студе́нт?
8. Она́ учени́ца.
9. Она́ тури́стка.
10. Она́ гид.
11. Она́ инжене́р.
12. Ты студе́нтка?

② **Complétez le tableau ci-dessous en vous aidant de la fiche et de l'exercice précédent :**

Он врач.	Она́ ....
Он актёр.	Она́ ....
Он студе́нт.	Она́ ....
Он учени́к.	Она́ ....
Он дире́ктор.	Она́ ....
Он тури́ст.	Она́ ....
Он учи́тель.	Она́ ....
Он инжене́р.	Она́ ....
Он гид.	Она́ ....
Он журнали́ст.	Она́ ....

③ **Présentez-vous en russe : votre prénom et nom de famille, votre métier (cherchez-le dans le dictionnaire, s'il n'est pas dans la liste, et n'oubliez pas de noter son accent tonique !) :**

....

....

....

....

Fiche 10

Les possessifs

pronom personnel	possessifs			
	masculin	**féminin**	**neutre**	**pluriel**
я	мой	моя́	моё	мои́
ты	твой	твоя́	твоё	твои́
он	его́ [ïevo]			
она́	её			
мы	наш	на́ша	на́ше	на́ши
вы	ваш	ва́ша	ва́ше	ва́ши
они́	их			

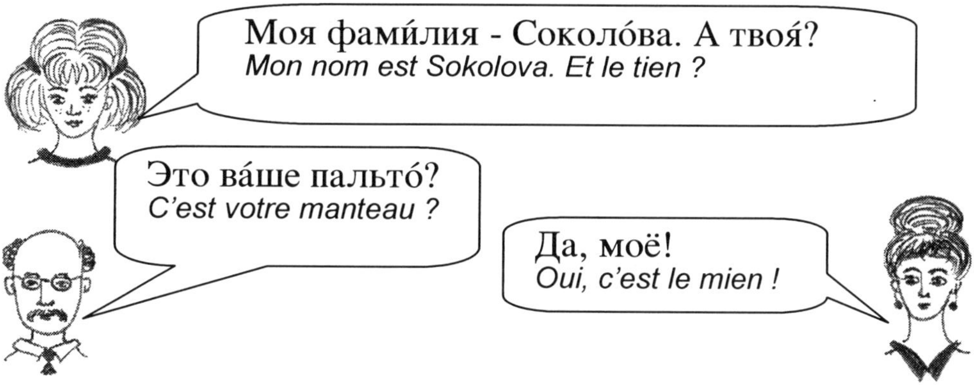

☑ En russe, on emploie le même possessif pour « mon » et « le mien », « ton » et « le tien »... : Это ва́ше пальто́? – Да, моё!

☑ Les possessifs de 1ère et 2e personne s'accordent avec le nom qui les suit : мой дом, моя́ у́лица, моё окно́, мои́ де́ти.

☑ Les possessifs de 3e personne restent invariables. Leur forme ne dépend que du possesseur (comme en anglais !) :

её кни́га
её кот
её ту́фли

его́ ша́пка
его́ портфе́ль
его́ пальто́

их ма́ма
их па́па
их дом

A vous de jouer !

① **Complétez ce texte avec le possessif мой à la forme voulue :**

Вот фотогра́фии. Э́то .... семья́. Вот тут .... роди́тели.
Э́то .... ма́ма, А́нна Серге́евна и .... па́па, Оле́г Ива́нович.
Это .... ба́бушка Антони́на Ива́новна. Тут .... де́душка,
Ива́н Семёнович. А э́то И́горь, ... брат и Аню́та, ... сестра́.
Тут Му́рка, ... ко́шка, и .... соба́ка Це́зарь.

Vocabulaire :

ма́ма	maman	де́ти	enfants	муж	mari
па́па	papa	брат	frère	жена́	femme
роди́тели	parents	сестра́	sœur	соба́ка	chien
до́чка	fille	ба́бушка	grand-mère	ко́шка	chat*
сын	fils	де́душка	grand-père	семья́	famille

* le mot кот désigne un chat mâle, ко́шка est un nom générique

② **Regardez les images et composez les dialogues selon le modèle :**

- Э́то ва́ша су́мка? – Да, моя́!

....
....

....
....

③ **Traduisez en russe :**

1. C'est Anton et ses parents..
2. Voici mon frère, sa femme et leurs enfants. ....
3. Voici Olga et son fils. ....
4. C'est Ivan et sa sœur. ....

Fiche 11

Les adjectifs

Dans un dictionnaire, vous les trouverez au masculin.

какóй	quel	молодóй	jeune
большóй	grand	хорóший	bon (bien)
мáленький	petit	дóбрый	bon (gentil)
краси́вый	beau	вкýсный	bon (qui a bon goût)
нóвый	nouveau, neuf	плохóй	mauvais
стáрый	vieux	интерéсный	intéressant

La désinence d'un adjectif indique son genre et nombre.

masculin	féminin	neutre	pluriel
краси́в-ый	краси́в-ая	краси́в-ое	краси́в-ые
как-óй	как-áя	как-óе	как-и́е
больш-óй	больш-áя	больш-óе	больш-и́е
хорóш-ий	хорóш-ая	хорóш-ее	хорóш-ие

Москвá – стáрый гóрод.
Moscou est une vielle ville.

Невá – краси́вая рекá.
La Néva est un beau fleuve.

☑ L'adjectif - épithète russe précède le nom et s'accorde avec lui.

☑ Après les chuintantes et les gutturales, on écrit toujours и (revoir page 20) : каки́е, больши́е, хорóшие.

☑ Après une chuintante et ц, on écrit –о sous l'accent, -е hors l'accent : большóе - хорóшее.

A vous de jouer !

① **Dites le contraire :**

большо́е о́зеро	
хоро́ший журна́л	
но́вая маши́на	
ста́рые актёры	

② **Ajoutez la désinence de l'adjectif :**

краси́в... го́род
ма́леньк... де́вочка
ста́р... де́душка
до́бр... соба́ка
плох... вино́
хоро́ш... журна́лы
но́в... пальто́
вку́сн... ко́фе
больш... о́зеро
молод... ко́шка
интере́сн... кни́га
как... газе́ты?

③ **Commentez les images ci-dessous selon le modèle :**

Кострома́

– Како́й э́то го́род? *Quelle est cette ville ?*
– Кострома́! *Kostroma !*
– Како́й ста́рый го́род! *Quelle vieille ville !*

Москва́

....
....
....

музе́й Эрмита́ж

....
....
....

Санкт-Петербу́рг

....
....
....

(Adjectifs à employer : ста́рый, интере́сный, краси́вый)

Fiche 12

Qui ? Désigner les personnes

челове́к	un homme ; une personne
лю́ди	les gens
мужчи́на	homme
же́нщина	femme
де́вушка	jeune fille
молодо́й челове́к	jeune homme
де́вочка	fillette
ма́льчик	garçon
господи́н ...	Monsieur ...
госпожа́ ...	Madame ...

Ce, cette, ces : les démonstratifs

masculin	féminin	neutre	pluriel
э́тот	э́та	э́то	э́ти

Кто э́тот молодо́й челове́к?
Qui est ce jeune homme ?

Это Игорь, мой колле́га и друг!
C'est Igor, mon collègue et ami !

А э́та де́вушка?
Et cette jeune fille ?

Это Та́ня, его́ подру́га!
C'est Tania, son amie !

☑ Le mot колле́га peut être masculin et féminin :
мой колле́га / моя́ колле́га

☑ Ne confondez pas де́вочка *une fillette* et до́чка *fille (lien de parenté)* ; же́нщина *une femme* et жена́ *femme, épouse*.

☑ Господи́н ... госпожа́ ... *Madame... / Monsieur ...* se dit uniquement devant un nom de famille : Вот господи́н Бори́сов.

A vous de jouer !

① Э́тот, э́та, э́то? **Complétez avec le bon démonstratif (relisez, avant de commencer, les répliques dans les bulles ci-dessus) :**

1. – Кто .... мужчи́на? – .... мой де́душка!
2. – Кто.......... ? – .... Анто́н Фёдоров.
3. – .... де́вочка - ва́ша до́чка? – Да, ... моя́ до́чка Ли́за.

② **Trouvez les répliques manquantes dans ce dialogue (inspirez-vous, pour cet exercice aussi, des répliques dans les bulles) :**

БАНКЕ́Т

– ....?
– Э́то Еле́на Семёнова, на́ша директри́са.
– ....?
– Э́то Я́ша, её сын.
– ....?
– Э́то её муж, Серге́й.
– ....?
– Како́й молодо́й челове́к?
– ....!
–А, э́то Ива́н, наш но́вый фото́граф!
– ....?
– Э́то мои́ колле́ги!

③ **Traduisez en russe :**

1. Qui est cette belle femme ? – C'est ma femme !

....

2. Monsieur Ivanov est notre directeur.

....

3. Voici ma fille, Irina, et son ami Victor.

....

4. Voici Madame Joukova, notre nouvelle collègue.

....

Fiche 13

S’adresser aux autres

пожа́луйста	s’il vous plaît / s’il te plaît
спаси́бо	merci
Не́ за что!	De rien ! (réponse à des remerciements)
Скажи́те, пожа́луйста...	Dites, s’il vous plaît...
Извини́те, пожа́луйста! Прости́те, пожа́луйста!	Excusez-(moi), s’il vous plaît !
Ничего́! [nitchévo]	Cela ne fait rien (réponse à des excuses)
Сади́тесь, пожа́луйста!	Asseyez-vous, s’il vous plaît !

☑ Pour interpeller une personne inconnue, adoptez la formule : Извини́те, пожа́луйста... (Прости́те, пожа́луйста...) ou Скажи́те, пожа́луйста..., si vous demandez un renseignement.

☑ Извини́те, прости́те, скажи́те, сади́тесь sont (tout comme здра́вствуйте) des verbes à l’impératif. –те est la marque du vouvoiement ou du pluriel. Donc, pour tutoyer, il suffit de l’enlever. Cela donnera : извини́, прости́, скажи́, сади́сь.

A vous de jouer !

① **Restituez les répliques manquantes :**

А	Б
- ....?	- ....?
- Музе́й там, спра́ва!	- Да, э́то моё пальто́. А э́то ваш стул?
- ....!	- ....!
- Не́ за что!	- Ой, ...!
	- Ничего́!
	- ....!
	- Спаси́бо!

② **Vous êtes perdu(e) à Moscou. Demandez à un passant comment vous rendre aux endroits ci-dessous :**

1. Кремль *Le Kremlin :*

....

2. Тверско́й бульва́р *Boulevard Tverskoï :*

....

③ **Que dites-vous en russe dans les circonstances suivantes ?**

1. Vous avez marché sur le pied de quelqu'un. ....
2. On vient de vous remercier. ....
3. On vous a apporté un café. ....
4. Quelqu'un vous a bousculé et s'en excuse. ....
5. Dans le métro, vous cédez votre place à une personne âgée.

....

Fiche 14

Parlez-vous russe ?

base → говор ; **désinence de l'infinitif** → ть

говор-и́-ть parler ; dire (**classe 1**)	
я говор-ю́	мы говор-и́-м
ты говор-и́-шь	вы говор-и́-те
он, она́ говор-и́-т	они́ говор-я́т

voyelle de liaison → и ; **désinence** → ят

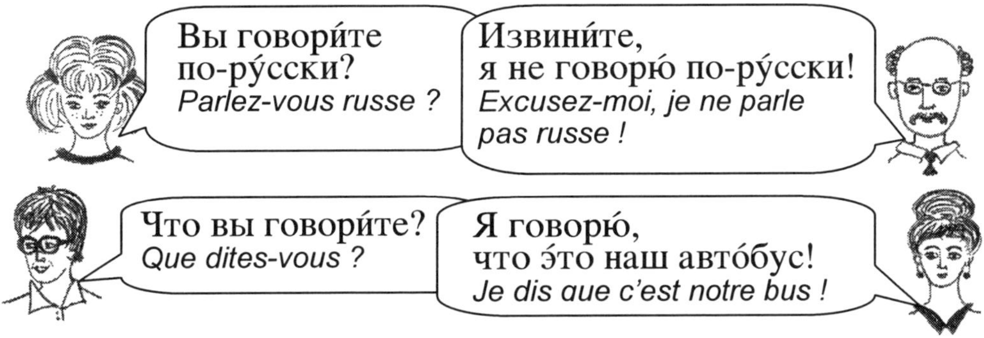

☑ La conjugaison des verbes de la **classe 1** se caractérise par la présence de la voyelle de liaison и à toutes les personnes, sauf la 1ère personne du singulier et la 3ème personne du pluriel :

кури́ть* *fumer*	смотре́ть* *regarder*	стоя́ть *être debout*
я курю́	я смотрю́	я стою́
ты ку́ришь	ты смо́тришь	ты стои́шь
он ку́рит	он, она́ смо́трит	он, она́ стои́т
мы ку́рим	мы смо́трим	мы стои́м
вы ку́рите	вы смо́трите	вы стои́те
они ку́рят	они смо́трят	они стоя́т

*remarquez le déplacement de l'accent

☑ La négation est exprimée par la particule не placée devant le verbe : Он не говори́т по-ру́сски. *Il ne parle pas russe.*

☑ Une subordonnée complétive est introduite par что (remarquez la virgule !) : Я говорю́, что э́то наш авто́бус! *Je dis que c'est notre bus !*

A vous de jouer !

① **Mettez le verbe** говори́ть **à la forme correspondante. Traduisez les phrases obtenues :**

1. Ты говор.... по-францу́зски?
2. Что они́ говор....?
3. Мы не говор.... по-ру́сски!
4. Что вы говор....?
5. Я говор...., что э́то метро́.
6. Она́ говор.... по-ру́сски.

② **Reliez les questions aux réponses correspondantes :**

Вы ку́рите?	Фильм!
Где она стои́т?	Спра́ва!
Что ты говори́шь?	Что э́то Во́лга!
Что он смо́трит?	Нет!

③ **Complétez avec les verbes correspondants :**

1. Мы .... по-ру́сски.
2. – Вот сигаре́ты. – Спаси́бо, я не ....
3. Па́па .... телеви́зор.
4. Я ...., что А́лла не .... по-францу́зски!

④ **Parlez un peu de vous en répondant à ces questions :**

Вы говори́те по-ру́сски? ....
Вы говори́те по-францу́зски? ....
Вы ку́рите? ....

Fiche 15

Pays, langues, nationalités

страна́ pays	национа́льность nationalité	язы́к langue	они говоря́т... ils parlent...
Росси́я	ру́сский ру́сская	ру́сский язы́к	по-ру́сски
Фра́нция	францу́з францу́женка	францу́зский язы́к	по-францу́зски
А́нглия	англича́нин англича́нка	англи́йский язы́к	по-англи́йски
Герма́ния	не́мец не́мка	неме́цкий язы́к	по-неме́цки
Испа́ния	испа́нец испа́нка	испа́нский язы́к	по-испа́нски
Ита́лия	италья́нец италья́нка	италья́нский язы́к	по-италья́нски
По́льша	поля́к по́лька	по́льский язы́к	по-по́льски

Я ру́сская. Я говорю́ по-ру́сски, по-неме́цки и по-италья́нски. А вы?
Je suis Russe. Je parle russe, allemand et italien. Et vous ?

Я францу́з. Я говорю́ по-францу́зски, по-англи́йски и по-ру́сски.
Je suis Français. Je parle français, anglais et russe.

☑ Il n'y a pas de majuscule à la nationalité : ру́сский, францу́з...

☑ On dit littéralement : « la langue russe », « la langue française » : ру́сский язы́к, францу́зский язы́к, mais « parler à la russe », « à la française... » : говори́ть по-ру́сски, по-францу́зски...

☑ ру́сский, францу́зский etc. sont des adjectifs : ру́сская му́зыка, францу́зские фи́льмы...

A vous de jouer !

① **Supposez la nationalité de ces personnes et la langue qu'elles parlent :**

Modèle : Степáн Ильи́н. Он рýсский. Он говори́т по-рýсски.

1. Жан Делáтр. ....
2. Джон Смит. ....
3. Карл Ми́ллер. ....
4. Пьéтро Рóсси. ....
5. Хуáн Сáнтос. ....
6. Жюли́ Лерý. ....
7. Áнна Ковалёва. ....

② **Accordez les adjectifs ci-dessous. Attention au genre et au nombre !**

франýзск.... винó
италья́нск.... тури́сты
рýсск.... писáтель *(écrivain)*
испáнск.... актри́са
немéцк.... газéта
англи́йск.... журнáлы

③ **Qui sont ces personnes ?**

Exemple : Лев Толстóй – рýсский писáтель.

1. Алексáндр Пýшкин – ....
2. Пётр Чайкóвский – ....
3. Федери́ко Фелли́ни – ....
4. Жюльéт Бинóш – ....

(mots à placer : компози́тор, поэ́т, актри́са, режиссёр)

④ **Quelle est votre nationalité ? Quelles langues parlez-vous ?**

Я.. .
Я говорю́ ....

Fiche 16

Que faites-vous ?

base →

де́ла-ть faire (**classe 2**)	
я де́ла-ю	мы де́ла-е-м
ты де́ла-е-шь	вы де́ла-е-те
он, она́ де́ла-е-т	они де́ла-ют

voyelle de liaison → е ; **désinence** → ют

чита́ть	lire
игра́ть	jouer
гуля́ть	se promener
рабо́тать	travailler
отдыха́ть	se reposer
ду́мать	penser
слу́шать	écouter
спра́шивать	demander
отвеча́ть	répondre
знать	savoir, connaître
понима́ть	comprendre
за́втракать	prendre le petit déjeuner
обе́дать	déjeuner
у́жинать	dîner

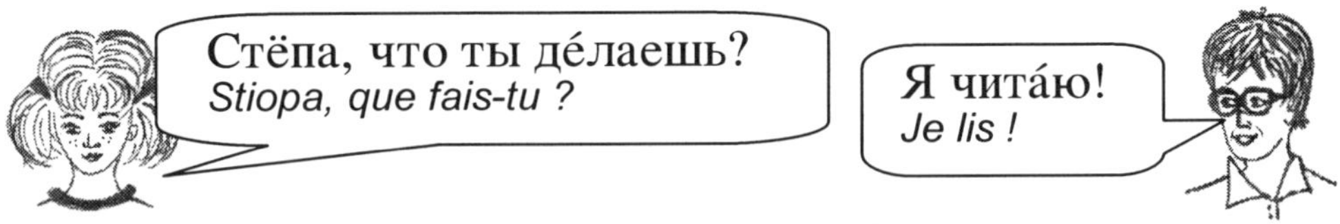

☑ La conjugaison des verbes de la **classe 2** se caractérise par la présence de la voyelle de liaison е à toutes les personnes, sauf la 1ère personne du singulier et la 3ème personne du pluriel.

A vous de jouer !

① **Mettez les verbes à la forme correspondante (Attention à la classe !). Traduisez les phrases obtenues :**

1. Ты гуля́.... .
2. Мы игра́... .
3. Они отдыха́.... .
4. Она́ не отвеча́... !
5. Я говор... , а вы не слу́ша...
6. Ты ку́р.... ?
7. Он не понима́.... .
8. Вы зна́...., где по́чта?
9. Мы обе́да.... .
10. Он рабо́та..... до́ма.

② Что они́ де́лают? **Regardez les images et décrivez-les (sujet + verbe).**

....
....

....
....

....
....

....
....

③ **Traduisez en russe :**

1. Je ne comprends pas !..
2. Je ne sais pas !...
3. Que dites-vous ?...
4. Je pense que c'est notre hôtel !..

Fiche 17

Comment ?

Quelques adverbes et autres petits mots utiles

как	comment	чуть-чуть	un petit peu
хорошо́	bien	ча́сто	souvent
пло́хо	mal	ре́дко	rarement
бы́стро	vite	о́чень	très
ме́дленно	lentement	уже́	déjà
мно́го	beaucoup	ещё	encore
ма́ло	peu	ничего́ [nitchévo]	rien

Как дела́?	Comment ça va ?
Хорошо́!	Bien !
О́чень хорошо́!	Très bien !
Ничего́. [nitchévo]	Ça va.
Так себе́.	Comme ci comme ça
Пло́хо!	Mal !

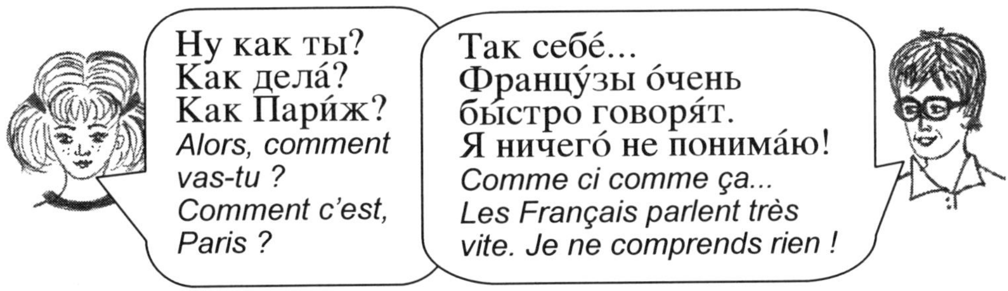

☑ Avec le seul mot как on peut demander des nouvelles de tout et de tout le monde : как вы? *comment allez-vous ?* как семья́? *comment va la famille ?* как Пари́ж? *comment c'est, Paris ?*

☑ Après ничего́ le verbe est à la forme négative :
Я ничего́ не понима́ю. *Je ne comprends rien.*

☑ L'adverbe se place généralement avant le verbe :
Вы хорошо́ говори́те по-ру́сски! *Vous parlez bien russe !*

✎ A vous de jouer !

① **Remettez ces mots dans l'ordre et traduisez les phrases obtenues :**

1. Хорошó, по-рýсски, говорю́, я. ....
2. Понимáет, онá, ничегó, нé. ....
3. Рабóтаем, мы, чáсто, дóма. ....
4. Бы́стро, вы, óчень, по-францу́зски, говори́те. ....
....

② **Dites le contraire :**

Он хорошó говори́т по-рýсски.	
Онá óчень бы́стро говори́т.	
Вы мнóго читáете.	
Они́ чáсто гуля́ют.	
Я понимáю!	

③ **Parlez un peu de vous en répondant à ces questions :**

1. Как вы говори́те по-францу́зски?

....

2. Как вы говори́те по-рýсски (по-англи́йски, по-немéцки)?

....

3. Вы мнóго читáете?

....

4. Вы играете в тéннис (футбóл, баскетбóл, волейбóл...)? Как вы играете?

....

....

Fiche 18

Les chiffres

0	ноль	20	два́дцать
1	оди́н	30	три́дцать
2	два	40	со́рок
3	три	50	пятьдеся́т
4	четы́ре	60	шестьдеся́т
5	пять	70	се́мьдесят
6	шесть	80	во́семьдесят
7	семь	90	девяно́сто
8	во́семь	100	сто
9	де́вять	200	две́сти
10	де́сять	300	три́ста
11	оди́ннадцать	400	четы́реста
12	двена́дцать	500	пятьсо́т
13	трина́дцать	600	шестьсо́т
14	четы́рнадцать	700	семьсо́т
15	пятна́дцать	800	восемьсо́т
16	шестна́дцать	900	девятьсо́т
17	семна́дцать	1000	ты́сяча
18	восемна́дцать	million	миллио́н
19	девятна́дцать	milliard	миллиа́рд

☑ 21 : два́дцать оди́н
145 : сто со́рок пять
1 500 : ты́сяча пятьсо́т

☑ Pour vous aider à mémoriser :
11→ 30 : chiffres en –дцать
50, 60, 70, 80 : chiffres en –десят

☑ Comparez pour ne pas confondre :
пятна́дцать 15 et пятьдеся́т 50

☑ Employez pour le moment les chiffres seuls (pour compter, donner un numéro de téléphone...), nous verrons plus loin les règles qui vous permettent de mettre un nom après un chiffre.

A vous de jouer !

① **Comptez en russe à voix haute en faisant attention à l'accent :**

- ☑ de 1 à 10
- ☑ de 10 à 1
- ☑ de 10 à 20
- ☑ de 20 à 30
- ☑ 10, 20, 30 ... 100
- ☑ 100, 200 ... 1000

② **Ces nombres sont écrits en toutes lettres. Ecrivez-les en chiffres :**

во́семь		два́дцать пять	
восемна́дцать		со́рок семь	
во́семьдесят четы́ре		девяно́сто де́вять	
оди́ннадцать		сто три́дцать шесть	
две́сти де́сять		шестна́дцать	

③ **Lisez ces suites à voix haute en ajoutant le dernier chiffre :**

- ☑ 5 ; 4 ; 3 ; ...
- ☑ 11 ; 22 ; 33 ; ...
- ☑ 21 ; 32 ; 43 ; ...
- ☑ 59 ; 48 ; 37 ; ...
- ☑ 10 ; 20 ; 30 ; ...
- ☑ 2 ; 4 ; 8 ; ...

④ **LIsez :**

Магазин ДОМ КНИГИ
Литература, пресса.
Петербург 191025
Невский проспект, дом 28
телефон : 318 - 64 - 02

Мотова Алла Николаевна

Петербург
Загребский бульвар
дом 5 квартира 103
телефон : 173 – 05 - 07

→Автобусы 13, 44, 27
←Троллейбусы 29, 52, 83

Fiche 19

Où ? Le Locatif

Где кот?
Où est le chat ?

Он на столе́!
Il est sur la table !

Где кни́га?
Où est le livre ?

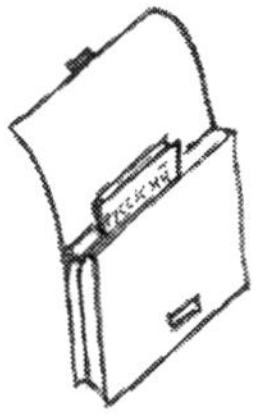

Она́ в портфе́ле!
Il est dans le cartable !

☑ La désinence des noms russes change lorsque change leur fonction dans la phrase : Где газе́та? (sujet) – На столе́! (c.c. de lieu). Ce phénomène s'appelle la déclinaison. En russe, non seulement les noms, mais aussi les adjectifs, les pronoms et les numéraux se déclinent. Il y a 6 cas. Vous en connaissez déjà un : le Nominatif (c'est le cas du sujet ; dans le dictionnaire, les noms sont au Nominatif).

☑ **Le Locatif** désigne **le lieu où l'on se trouve.** Il s'emploie après les prépositions в *dans, à* et на *sur, à*. Sa désinence est -е*

стол	на стол-е́	*sur la table*
кни́г-а	в кни́г-е	*dans le livre*
музе́й	в музе́-е	*dans le / au musée*
окн-о́	на окн-е́	*sur la fenêtre*
мо́р-е	в мо́р-е	*dans la mer*

(*sauf pour les noms féminins en –ь ; nous les verrons plus loin)

☑ Pour désigner un lieu, on emploie le plus souvent la préposition в :
В Москве́, в теа́тре, в шко́ле, в па́рке, в магази́не....

Retenez les lieux précédés de la préposition на :

на у́лице	*dans la rue*
на по́чте	*à la poste*
на рабо́те	*au travail, au bureau*
на стадио́не	*au stade*
на уро́ке	*en cours*

A vous de jouer !

① **Complétez avec la préposition** в **ou** на **et traduisez :**

1. Ма́ша .... ко́мнате.
2. Шофёр ..... авто́бусе.
3. Газе́та .... дива́не.
4. Ро́зы .... ва́зе.
5. Кни́га .... окне́.
6. Ва́ся ..... сту́ле.

② **Regardez ces images et faites les phrases selon le modèle :**

Кот и ва́за на столе́.

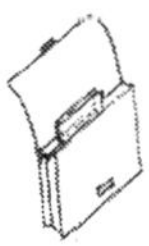

....
....

....
....

....
....

....
....

....
....

....
....

....
....

....
....

③ **Complétez avec la préposition et la désinence qui conviennent :**

1. Ива́н рабо́тает .... по́чт... .
2. Тури́сты обе́дают .... рестора́н... .
3. Ученики́ говоря́т по-ру́сски .... уро́к... .
4. Де́ти игра́ют в футбо́л .... па́рк... .
5. Тури́сты отдыха́ют .... гости́ниц... .

Fiche 20

Les verbes de position

Кот сиди́т на столе́.
Le chat est assis sur la table.

Ва́за лежи́т на столе́.
Le vase est (couché) sur la table.

Стол стои́т в ко́мнате.
La table est (posée) dans la pièce.

сиде́ть être assis	лежа́ть être couché ou posé à plat	стоя́ть être debout ou posé verticalement
я сижу́ ты сиди́шь он, она́ сиди́т мы сиди́м вы сиди́те они сидя́т	я лежу́ ты лежи́шь он, она́ лежи́т мы лежи́м вы лежи́те они лежа́т	я стою́ ты стои́шь он, она́ стои́т мы стои́м вы стои́те они стоя́т

☑ En russe, à la différence du français, on précise la façon dont un objet est posé :  Ва́за стои́т.  Ва́за лежи́т.

☑ Le verbe сиде́ть appartient à la **classe 1** (page 32). Néanmoins, il a une particularité à **la 1ère personne du singulier** : я сижу́. Cette modification de la consonne s'appelle **la palatalisation**, elle touche les verbes de la classe 1 dont le radical se termine en д, т, б, п, в, ф, ст. Retenez :

сиде́ть *être assis*	д ⇨ ж	я сижу́
ви́деть *voir*	д ⇨ ж	я ви́жу
люби́ть *aimer*	б ⇨ бл	я люблю́
гото́вить *préparer, cuisiner*	в ⇨ вл	я гото́влю

☑ Après une chuintante (ж, ч, ш, щ) on écrit а à la place de я, у à la place de ю : я сижу́, я лежу́, они́ лежа́т.

A vous de jouer !

① **Reliez chaque début de phrase à la fin qui lui correspond :**

Кни́га	сиди́т на дива́не.
Де́душка	лежи́т на окне́.
Маши́на	стои́т в ко́мнате.
Буфе́т	стои́т в гараже́.

② **Décrivez ces images en précisant la position des objets et des personnes les uns par rapport aux autres :**

…………………

…………………

…………………

…………………

…………………

…………………

…………………

…………………

…………………

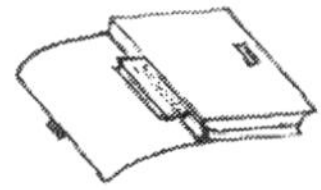

…………………

…………………

③ **Traduisez en russe ce petit texte :**

Une table et une chaise sont *posées* dans la pièce. Sur la table, sont *posés* des livres, des journaux, des magazines. Une femme est assise sur la chaise. Elle lit. ……………………………………………………………

……………………………………………………………………………

……………………………………………………………………………

Fiche 21

Où habitez-vous ?

жить habiter, vivre	
я жив-у́	мы жив-ё-м
ты жив-ё-шь	вы живё-те
он, она жив-ё-т	они жив-у́т

base — **voyelle de liaison**

Я живу́ в Росси́и, в Санкт-Петербу́рге,
на у́лице Мара́та, в до́ме но́мер шесть,
в кварти́ре два́дцать.
А вы где живёте?
J'habite en Russie, à Saint-Pétersbourg,
rue Marat, numéro 6, appartement 20.
Et vous, où habitez-vous ?

Мой а́дрес - Москва́, у́лица Арба́т,
дом во́семь, кварти́ра четы́ре.
Mon adresse est : Moscou, rue Arbat, numéro 8,
appartement 4.

☑ La conjugaison du verbe жить se caractérise par une base différente de celle de l'infinitif et par la voyelle de liaison ё. Nous rattacherons plus tard d'autres verbes à ce type de conjugaison.

☑ **Le lieu où on habite est au Locatif** précédé d'une préposition (voir page 42) : Я живу́ в Москве́.

☑ Retenez les prépositions :
В Росси́и, в Москве́, на у́лице, на бульва́ре...

☑ Les noms en –ия ont le Locatif en –и :
В Росси́и, в Ита́лии, во Фра́нции, в А́нглии...

A vous de jouer !

① **Complétez avec les désinences qui conviennent :**

1. Я жив... в Пари́ж... .
2. Мы жив.... в Ло́ндон... .
3. Она́ жив... во Фра́нци....
4. Он жив... в Москв... .
5. Вы жив... в Росси́... ?
6. Ты жив.... на у́лиц... Гли́нки?
7. Они́ жив... в дом... но́мер три.
8. Я жив... в кварти́р... семь.

② **Faites-leur dire où ils habitent :**

А́дрес :
Фра́нция, Пари́ж,
бульва́р Сен-Мише́ль,
дом 16.

А́дрес :
Росси́я, Петербу́рг,
у́лица Го́голя,
дом 25, кварти́ра 70.

А́дрес :
Росси́я, Но́вгород,
у́лица Ми́ра,
дом 2, кварти́ра 11.

③ **Remplissez ce questionnaire. Lisez vos réponses à voix haute :**

И́мя	
Фами́лия	
А́дрес	
Телефо́н	

Fiche 22

Qu'aimez-vous ?
L'Accusatif

люби́ть aimer (classe 1, palatalisé : voir page 42)	
я люблю́	мы лю́бим
ты лю́бишь	вы лю́бите
он, она́ лю́бит	они лю́бят

Я люблю́ му́зыку, литерату́ру, исто́рию, спорт. Я не люблю́ матема́тику! А ты что лю́бишь?
J'aime la musique, la littérature, l'histoire, le sport. Je n'aime pas les mathématiques ! Et toi, qu'est-ce que tu aimes ?

Я люблю́ матема́тику и фи́зику. Очень люблю́ футбо́л и те́ннис. А исто́рию я не люблю́.
J'aime les mathématiques et la physique. J'aime beaucoup le football et le tennis. Mais je n'aime pas l'histoire.

☑ Le cas du complément d'objet direct (COD) est **l'Accusatif** :
Я люблю́ му́зыку и спорт. *J'aime la musique et le sport.*

☑ Les noms en –а/-я ont à l'Accusatif la désinence –у/-ю :
му́зык-а ⇨ му́зык-у
па́п-а ⇨ па́п-у
исто́ри-я ⇨ исто́ри-ю

☑ Les noms masculins « inanimés », les noms neutres et tous les noms « inanimés » au pluriel ne changent pas à l'Accusatif :
Я люблю́ спорт. *J'aime le sport.*
Он лю́бит мо́ре. *Il aime la mer.*
Мы лю́бим фру́кты. *Nous aimons les fruits.*

☑ Le COD peut se trouver au début de la phrase :
Исто́рию я не люблю́. *L'histoire, je ne l'aime pas.*

✎ A vous de jouer !

① **Complétez, si besoin, avec les désinences manquantes (tous les noms sont au singulier). Traduisez les phrases obtenues :**

1. Я люблю́ теа́тр... .
2. Он не лю́бит му́зык... .
3. Он чита́ет газе́т.... .
4. Мы хорошо́ зна́ем Москв....
5. Вы лю́бите Росси́... ?
6. Они́ смо́трят фильм... .
7. Мы слу́шаем конце́рт... .
8. Ты чита́ешь журна́л... ?

② **Choisissez, dans chaque domaine, ce que vous aimez et ce que vous n'aimez pas, puis parlez de vos goûts :**

☑ Шко́ла : матема́тика, фи́зика, хи́мия, исто́рия, геогра́фия, биоло́гия, ру́сский язы́к, францу́зский язы́к ... .
☑ Культу́ра : литерату́ра, му́зыка (рок-му́зыка, поп-му́зыка, джаз), теа́тр, о́пера, бале́т...
☑ Спорт : футбо́л, баскетбо́л, волейбо́л, те́ннис, гимна́стика, хокке́й
☑ Го́род : магази́ны, рестора́ны, дискоте́ки, музе́и, кафе́...
☑ Приро́да *la nature* : дере́вня *la campagne* , го́ры *les montagnes*, мо́ре, лес *la forêt*, пляж...

Я люблю́ ....

....

Я не люблю́ ....

③ **Traduisez en russe :**

1. Le grand-père lit le journal. ....
2. J'aime la Russie. ....
3. Connais-tu Natacha ? ....
4. Aimez-vous la campagne ? ....

Fiche 23

Qui voyez-vous ?
L'Accusatif (suite)

Ну, что, Стёпа, ты ви́дишь режиссёра?
Alors, Stiopa, tu vois le metteur en scène ?

Кого́ [kavo]? Режиссёра?
Нет, я его́ [ïevo] не ви́жу.
Я смотрю́ на актри́су!
Qui ? Le metteur en scène ? Non, je ne le vois pas. Je regarde l'actrice !

☑ Ви́деть *voir* est un verbe de la classe 1 palatalisé (voir page 44) : я ви́жу, ты ви́дишь..... они́ ви́дят.

☑ Les noms masculins « animés » (désignant des êtres vivants) en consonne changent à l'Accusatif : ils prennent la désinence –а/-я :
режиссёр ⇨ режиссёр-а ; ма́льчик ⇨ ма́льчик-а
учи́тель ⇨ учи́тел-я ; Андре́й ⇨ Андре́-я.

☑ Les pronoms (interrogatifs, personnels...) se déclinent. Retenez leurs formes à l'Accusatif :

Nominatif	кто	что
Accusatif	кого́ [kavo]	что

Nominatif	я	ты	он	она́	мы	вы	они́
Accusatif	меня́	тебя́	его́ [ïevo]	её	нас	вас	их

☑ Le verbe смотре́ть *regarder* s'emploie de 2 façons :
1. смотре́ть + Accusatif :
смотре́ть телеви́зор, фильм, пьесу... *regarder la télévision, un film, une pièce* = regarder un spectacle
2. смотре́ть на + Accusatif :
смотре́ть на дире́ктора, на актри́су, на сце́ну... *regarder le directeur, l'actrice, la scène* = poser son regard sur quelqu'un ou sur quelque chose

✎ A vous de jouer !

① **Complétez, si besoin, avec les désinences manquantes :**

1. Вы ви́дите актёр ...?
2. Ученики́ слу́шают учи́тел... .
3. Ты слы́шишь му́зык... ?
4. Там я ви́жу пляж.. и мо́р... .
5. Кто знает Ма́ш... ?
6. Я люблю́ Бори́с.... !
7. Ты ви́дишь ма́льчик...?
8. Тури́ст слу́шает гид ... .

Attention ! ne confondez pas ces verbes !

слы́шать **classe 1**	entendre
слу́шать **classe 2**	écouter

② **Reliez chaque phrase russe à sa traduction :**

Кто тебя́ слу́шает?	Qui t'entend ?
Кого́ ты слы́шишь?	Qui écoutes-tu ?
Кого́ ты слу́шаешь?	Qui t'écoute ?
Кто тебя́ слы́шит?	Qui entends-tu ?

③ **Vous rappelez-vous qu'en russe on dit littéralement « On m'appelle... » :** Меня́ (Accusatif) зову́т ... ? **Traduisez :**

1. Comment s'appelle-t-il ? ....
2. Comment s'appelle-t-elle ? ....
3. Comment s'appellent-ils ? ....
4. La fillette s'appelle Natacha. ....
5. Le directeur s'appelle Ivan Belov. ....

Fiche 24

Que mangez-vous ?

Quelques verbes utiles

есть manger **(verbe irrégulier)**	пить boire **(type жить)**	брать prendre **(type жить)**	хотéть vouloir **(verbe irrégulier)**
я ем	я пью	я берý	я хочý
ты ешь	ты пьёшь	ты берёшь	ты хóчешь
он, онá ест	он, онá пьёт	он, онá берёт	он, онá хóчет
мы едíм	мы пьём	мы берём	мы хотíм
вы едíте	вы пьёте	вы берёте	вы хотíте
онí едя́т	онí пьют	онí берýт	они хотя́т

Я óчень хочý есть! Я берý ры́бу и салáт. А ты? Ты не берёшь ры́бу? Почемý?
J'ai très faim ! Je prends le poisson et la salade. Et toi ? Tu ne prends pas le poisson ? Pourquoi ?

Потомý что я её не люблю́! Я берý суп и мя́со. Что ты пьёшь, винó или вóду?
Parce que je ne l'aime pas ! Je prends la soupe et la viande. Qu'est-ce que tu bois, du vin ou de l'eau ?

☑ « Avoir faim », « avoir soif » se dit littéralement « vouloir manger », « vouloir boire » :
Я хочý есть. *J'ai faim.*
Ты хóчешь пить? *Tu as soif ?*

☑ Tous les verbes ci-dessus sont suivis d'un COD (qui est à L'Accusatif) :
Я хочý ры́бу и салáт. *Je veux le poisson et la salade.*
Ты пьёшь винó или вóду? *Tu bois du vin ou de l'eau ?*

☑ Pourquoi : почемý ; parce que... : потомý что...

✎ A vous de jouer !

① **Mettez les verbes entre parenthèses à la forme voulue et traduisez le dialogue obtenu :**

- Я о́чень .... (хоте́ть) есть!
- Что ты .... (брать)?
- Я не .... (знать)! Како́й э́то суп?
- Борщ! Ты .... (люби́ть) борщ?
- О́чень! До́ма я ча́сто........................ (есть) борщ!
- Я то́же .... (брать) борщ!
- Ну, а что ещё мы ....(есть)? Ты .... (хоте́ть) ры́бу?
- Нет, я ....(брать) котле́ты. Что ты............ (пить), вино́, во́дку?
- Что ты! Я .... (пить) то́лько во́ду!

② **Consultez ce menu proposé par votre hôtel et dites ce que vous prenez à chaque repas :**

меню́ 🍽		
За́втрак	Обе́д	У́жин
блины́ соси́ски чай ко́фе кака́о молоко́ *lait*	сала́т борщ котле́ты ка́ша компо́т	икра́ ры́ба винегре́т омле́т чай торт
Напи́тки : вино́, во́дка, конья́к, сок *jus de fruits*, пи́во *bière*		

- На за́втрак я ем ...., я пью ....
- На обе́д ....
- На у́жин ....

Fiche 25

Quand ?

когда́?	quand ?	всегда́	toujours
сейча́с	maintenant	никогда́ (не)	jamais
пото́м	après	иногда́	parfois
сего́дня [sevodnia]	aujourd'hui	ра́но	tôt
за́втра	demain	по́здно [pozna]	tard

Les moments de la journée

les substantifs		les adverbes compléments de temps	
у́тро	le matin	у́тром	le matin, dans la matinée
день	le jour	днём	dans la journée
ве́чер	le soir	ве́чером	le soir, dans la soirée
ночь	la nuit	но́чью	la nuit, dans la nuit

Les saisons

les substantifs		les adverbes compléments de temps	
зима́	l'hiver	зимо́й	en hiver
весна́	le printemps	весно́й	au printemps
ле́то	l'été	ле́том	en été
о́сень (f)	l'automne	о́сенью	en automne

☑ Ne confondez pas les substantifs у́тро, весна́... et les formes utilisées pour exprimer un complément de temps :
Кака́я краси́вая о́сень! *Quel bel automne !*
Что вы де́лаете о́сенью? *Que faites-vous en automne ?*

☑ Les compléments de temps у́тром, днём, зимо́й, весно́й.... sont des formes figées. On les emploie sans préposition :
Ве́чером я до́ма. *Le soir, je* suis à la maison
Ле́том они́ на мо́ре. *En été, ils sont à la mer.*

☑ **Ce** soir, **ce** matin... : сего́дня ве́чером, сего́дня у́тром...

✎ A vous de jouer !

① **Ajoutez un complément de temps approprié. Traduisez les phrases obtenues :**

1. .... я зáвтракаю дóма.
2. .... он на рабóте, а .... - в теáтре.
3. - Что ты .... дéлаешь? – Я читáю!
4. Сейчáс дéти обéдают, а .... гуля́ют в пáрке.
5. .... мы всегдá отдыхáем на мóре.
6. Онá .... не ест ры́бу!

Mots à utiliser : ýтром, днём, вéчером, лéтом, сейчáс, потóм, никогдá

② **Choisissez la forme qui convient. Barrez les formes erronées :**

1. Дóброе ýтро/ýтром!
2. Лéто/лéтом он живёт в дерéвне, а зимá/зимóй – в гóроде.
3. Я люблю́ веснá/веснý/ веснóй.
4. Вéчер/вéчером мы ýжинаем в ресторáне.

③ **Traduisez en russe :**

1. Que faites-vous ce soir ? Et demain soir ?

....

2. Quand êtes-vous à la maison ?

....

3. Dans la journée, je suis au bureau.

....

4. Quelle belle soirée !

....

5. Qu'aimez-vous faire l'été ?

....

Fiche 26

Quand ? (suite)

Les jours de la semaine, les mois

неде́ля	semaine
понеде́льник	lundi
вто́рник	mardi
среда́	mercredi
четве́рг	jeudi
пя́тница	vendredi
суббо́та	samedi
воскресе́нье	dimanche

В сре́ду я игра́ю в те́ннис, а в четве́рг ве́чером мы у́жинаем в рестора́не.
Mercredi, je joue au tennis, et jeudi soir, nous dînons au restaurant.

ме́сяц	mois
янва́рь	janvier
февра́ль	février
март	mars
апре́ль	avril
май	mai
ию́нь	juin
ию́ль	juillet
а́вгуст	août
сентя́брь	septembre
октя́брь	octobre
ноя́брь	novembre
дека́брь	décembre

В ию́ле я рабо́таю, а в а́вгусте мы отдыха́ем в Ита́лии!
En juillet, je travaille, et an août, nous sommes en vacances en Italie.

☑ Un jour de la semaine complément de temps : в + **Accusatif**.
- Когда́? - В понеде́льник, во вто́рник, в четве́рг, в пя́тницу, в суббо́ту, в воскресе́нье.

☑ Un mois de l'année complément de temps : в + **Locatif**.
- Когда́? - В январе́, в феврале́, в ма́рте.....

✎ A vous de jouer !

① **Ajoutez, si besoin, la désinence manquante :**

1. В понеде́льник..... я сижу́ до́ма.
2. Что ты де́лаешь в суббо́т..... ве́чером?
3. В январ..... и в феврал..... мы рабо́таем в Москве́.
4. В сре́д..... Ива́н игра́ет в футбо́л.

② **Voici l'agenda d'un étudiant en vacances. Consultez-le et dites ce qu'il fait chaque jour de la semaine.**

ПН	ВТ	СР	ЧТ
волейбол	*Эрмитаж*	*теннис*	*театр : опера ФАУСТ*
ПТ	**СБ**	**ВС**	
библиотека	*ужин в ресторане*	*отдых!*	

В понеде́льник ....
....
....
....
....
....
....
....
....
....

Fiche 27

Où allez-vous ?

идти́ aller (à pied)		е́хать aller (avec un moyen de transport)	
я иду́ ты идёшь он, она́ идёт	мы идём вы идёте они́ иду́т	я е́ду ты е́дешь он, она́ е́дет	мы е́дем вы е́дете они́ е́дут

Приве́т, Стёпа! Куда́ ты идёшь?
Salut, Stiopa, où vas-tu ?

На по́чту, а пото́м на вокза́л, покупа́ть биле́ты : за́втра я е́ду в Москву́!
A la poste, puis à la gare, acheter les billets : demain, je vais à Moscou !

☑ En russe, on n'emploie pas le même verbe pour un déplacement qui s'effectue à pied ou à l'aide d'un moyen de transport :
Я иду́ на вокза́л. *Je vais à la gare* (à pied).
Я е́ду на вокза́л. *Je vais à la gare* (en voiture, en bus etc.).

☑ A la différence du français, **le lieu où l'on se rend n'est pas exprimé de la même façon que le lieu où l'on se trouve**. Retenez :

Lieu-situation	Lieu-destination	Traduction
где?	куда́?	où ?
там	туда́	là-bas
тут, здесь	сюда́	ici
спра́ва	напра́во	à droite
сле́ва	нале́во	à gauche
до́ма	домо́й	à la maison
в, на + Locatif : в па́рке, на по́чте	в, на + Accusatif : в парк, на по́чту	à....... au parc, à la poste

A vous de jouer !

① Идти́ ou е́хать ? **Complétez avec le verbe approprié :**

1. Вот наш учи́тель. Он .... в класс.
2. - Приве́т! Куда́ ты ....? - На уро́к!
3. За́втра мы .... в Петербу́рг!
4. Тури́сты .... в теа́тр на авто́бусе.

② **Choisissez le complément de lieu approprié. Barrez l'autre forme :**

1. Тури́сты стоя́т там / туда́.
2. Где / куда́ вы идёте?
3. Музе́й сле́ва / нале́во.
4. Де́ти иду́т до́ма / домо́й.

③ **Ajoutez la préposition et, si besoin, la désinence manquante :**

1. За́втра я е́ду ...... Москв...... .
2. Сего́дня ве́чером мы идём .... теа́тр....... .
3. Тури́сты стоя́т .... у́лиц..... .
4. Они́ иду́т .... гости́ниц...... .
5. Куда́ ты е́дешь? – .... рабо́т..... !
6. Мы уже́ в Петербу́рг..... !

④ **Regardez cette image et décrivez les déplacements observés :**

1. Де́вушка идёт в банк.
2. ....
3. ....
4. ....
5. ....
6. ....

Fiche 28

Allez-vous souvent au cinéma?

На у́лице :

Приве́т, Стёпа! Куда́ ты идёшь?
Salut, Stiopa, où vas-tu ?

В кино́! Я ча́сто хожу́ в кино́ в воскресе́нье у́тром.
Au cinéma. Je vais souvent au cinéma le dimanche matin.

В авто́бусе :

О́льга Ви́кторовна! Куда́ вы е́дете?
Olga Viktorovna ! Où allez-vous ?

В университе́т. Я всегда́ е́зжу туда́ на авто́бусе.
A l'université. J'y vais toujours en bus.

☑ Les verbes идти́, е́хать (p. 58) expriment **un seul déplacement** :
🚶 Я иду́ в кино́. *Je vais* (en ce moment) *au cinéma.*
🚗 За́втра я е́ду в Москву́. *Demain, je vais à Moscou.*
(j'y vais prochainement et une seule fois).

☑ Pour exprimer **un déplacement qui a lieu plus d'une fois** (souvent, parfois, rarement etc.), on emploie 2 autres verbes :

ходи́ть *aller* (> 1 fois) 🚶 classe 1 palatalisé		е́здить *aller* (> 1 fois) 🚗 classe 1 palatalisé	
я хожу́ ты хо́дишь он, она хо́дит	мы хо́дим вы хо́дите они хо́дят	я е́зжу ты е́здишь он, она́ ездит	мы е́здим вы е́здите они е́здят

🚶 Я ча́сто хожу́ в кино́. *Je vais souvent au cinéma.*
🚗 Она́ всегда́ е́здит в университе́т на авто́бусе.
Elle va toujours à 'université en bus.

A vous de jouer !

① **Mettez les verbes entre parenthèses à la forme voulue. Traduisez les phrases obtenues :**

1. Обы́чно я .... (ходи́ть) на рабо́ту пешко́м.
2. Сейча́с А́нна .... (е́хать) в теа́тр.
3. Ка́ждый день де́душка .... (ходи́ть) в парк.
4. Вот Стёпа. Куда́ он .... (идти́)?
5. Ле́том мы иногда́ .... (е́здить) в Ита́лию.

обы́чно	d'habitude
ка́ждый день	chaque jour, tous les jours
пешко́м	à pied

② **Идти, ходить, ехать, ездить? Complétez les dialogues avec les verbes appropriés à la forme voulue :**

На у́лице - Приве́т, куда́ ты ....?
- В бассе́йн.
- Ты ча́сто туда́ ....?
- Да, я туда́ .... ка́ждый вто́рник.

В авто́бусе - А́нна Его́ровна ! Како́й сюрпри́з!
- Ива́н Петро́вич ! Вы куда́ ....?
- На рабо́ту. Я иногда́ .... туда́ на авто́бусе!

В гостя́х *En visite* - За́втра мы .... в Пари́ж!
- Что вы говори́те ! Вы в пе́рвый раз *(pour la première fois)* туда́ ....?
- Нет! Мы ча́сто...................... во Фра́нцию.

③ **Les verbes** ходи́ть, е́здить **signifient aussi** *marcher, rouler.* **Traduisez en russe :**

1. Il marche lentement. ....
2. Tu roules très vite ! ....
3. Notre fils est très petit : il ne marche pas encore !
....

Fiche 29

A qui est ce sac ?
Le Génitif

Чья́ э́то су́мка?
A qui est ce sac ?

Не зна́ю!
Мо́жет быть, э́то су́мка жены́ дире́ктора?
Je ne sais pas ! Peut-être, est-ce le sac de la femme du directeur ?

A qui... ? (Adjectif interrogatif possessif)

masculin	féminin	neutre	pluriel
чей кот?	чья кни́га?	чьё пальто́?	чьи журна́лы?

☑ Le cas du complément du nom (le sac <u>de la femme</u> <u>du directeur</u>) est **le Génitif.**

☑ Formation du Génitif :

noms féminins (et masculins) en –а/–я **(1ère déclinaison)** :	noms masculins en consonne et neutres en –о/–е **(2ème déclinaison)** :
жен-а́ ⇨ жен-ы́ па́п-а ⇨ па́п-ы Та́н-я ⇨ Та́н-и ба́бушк-а ⇨ ба́бушк-и*	дире́ктор ⇨ дире́ктор-а Андре́й ⇨ Андре́-я учи́тель ⇨ учи́тел-я мо́р-е ⇨ мо́р-я

* révisez la règle d'orthographe de la page 20 !

☑ L'Accusatif et le Génitif des noms masculins « animés » coïncident :
Я зна́ю дире́ктора. Je connais le directeur (Acc.)
Вот портфе́ль дире́ктора. Voici le cartable du directeur (Gén.)

A vous de jouer !

① Чей, чья, чьё, чьи? **Choisissez la forme appropriée :**

1. .... э́то телефо́н? 3. .... э́то де́ти?
2. .... э́то соба́ка? 4. .... э́то вино́?

② **Regardez les images et faites les phrases selon le modèle :**

Ива́н

Это кни́га Ива́на. *C'est le livre d'Ivan.*

дире́ктор
....
....

Ба́рсик
....
....

Це́зарь
....
....

Тама́ра
....
....

Анто́н
....
....

О́льга
....
....

Га́ля
....
....

Бори́с
....
....

ба́бушка
....
....

И́нна и Глеб
....
....

③ **Traduisez :**

Tamara est professeur de musique. Le mari de Tamara, Oleg, est journaliste ; il est directeur du magazine « Théâtres de Pétersbourg ». Natacha, la fille de Tamara et Oleg, est étudiante de l'université.

....
....
....

Fiche 30

Y a-t-il une poste ici ?

Скажи́те, в гости́нице есть по́чта?
Dites, y a-t-il une poste à l'hôtel ?

Нет, здесь по́чты нет. По́чта есть на у́лице Пу́шкина. Это недалеко́ от гости́ницы ! Там то́же есть банк и магази́ны.
Non, il n'y a pas de poste ici. Il y a une poste rue Pouchkine. Ce n'est pas loin de l'hôtel ! Là-bas, il y a aussi une banque et des magasins.

☑ **Il y a (la présence) :** есть **+ Nominatif.**
В гости́нице есть рестора́н и дискоте́ка.
A l'hôtel, il y a un restaurant et une discothèque.

☑ **Il n'y a pas de... (l'absence) :** нет **+ Génitif.**
В гости́нице нет по́чты и магази́на.
A l'hôtel, il n'y a pas de poste ni de magasin.

☑ Attention aux homonymes !
есть : « il y a » et l'infinitif du verbe « manger » .
нет : « il n'y a pas » (c'est une contraction de «не есть»)
et «non».

☑ Rue Pouchkine : у́лица Пу́шкина (Génitif).

☑ Loin de... : далеко́ от + Génitif.
Près de... : недалеко́ от + Génitif ; о́коло + Génitif
Он живёт далеко́ от аэропо́рта. *Il habite loin de l'aéroport.*
По́чта о́коло гости́ницы. *La poste est près de l'hôtel.*

A vous de jouer !

① **Ajoutez, si besoin, les désinences manquantes (au singulier) :**

1. Недалеко́ от шко́л.... есть библиоте́к... .
2. Тут нет телефо́н....?
3. В Костром... есть порт... .
4. На у́лиц.... Че́хов.... есть шко́л.... и по́чт..... .
5. Где кни́г.... ? На стол.... кни́г.... нет!

② **Dites le contraire :**

В го́роде нет па́рка.	
В магази́не нет икры́.	
На по́чте есть телефо́н.	
В буты́лке есть вода́.	

③ **Lisez la carte de cet hôtel, puis dites ce qu'il y a et ce qui, selon vous, y manque**

Гостиница КОСМОС
Новгород, Зелёная улица, дом 28
телефон 256-40-36 факс 256-40-38

в номере : телевизор, душ
в гостинице : ресторан, спортзал, парк, бассейн

В гости́нице есть ....
....
В гости́нице нет ....
....

Fiche 31

Avez-vous un plan de la ville ?

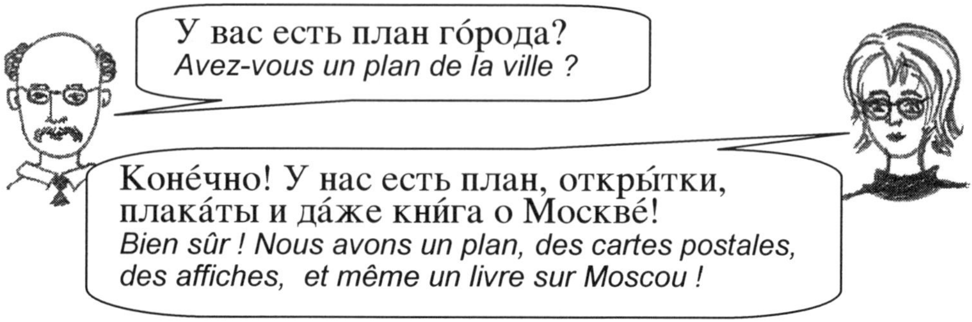

☑ **Expression de la possession** (en français : avoir quelque chose) :

Forme affirmative : У + Génitif есть + Nominatif	Forme négative : У + Génitif нет + Génitif
У меня́ есть план. *J'ai un plan.* У Ивáна и Óльги есть сын. *Ivan et Olga ont un fils.*	У меня́ нет плáна. *Je n'ai pas de plan.* У Ивáна и Óльги нет сы́на. *Ivan et Olga n'ont pas de fils.*

☑ L'Accusatif (p.48) et le Génitif des pronoms personnels coïncident :
У тебя́ есть кни́га? *As-tu un livre ?* (Génitif)
Я тебя́ ви́жу! *Je te vois !* (Accusatif)

☑ Après une préposition, on ajoute н- aux pronoms он, онá, они́ :
У негó есть телефóн. *Il a le téléphone.*
У неё нет маши́ны. *Elle n'a pas de voiture.*
У них есть собáка. *Ils ont un chien.*

☑ О + Locatif : au sujet de... .
Cette préposition peut se traduire comme :
à : Я дýмаю о Москвé. *Je pense à Moscou.*
de : Мы говори́м о Пари́же. *Nous parlons de Paris.*
sur : Вот кни́га об* Амéрике. *Voici un livre sur l'Amérique.*
О ком** ты дýмаешь? *A qui penses-tu ?*
О чём** вы говори́те? *De quoi parlez-vous ?*

* о devient об devant les voyelles а, о, у, и, э.
** ком, чём sont les formes du Locatif des pronoms кто, что.

✎ A vous de jouer !

① **Ajoutez les désinences manquantes :**

1. У Оле́г..... есть кни́г..... о Петербу́рг..... .
2. У ба́бушк..... есть ко́шк.... .
3. У дире́ктор.... нет компью́тер..... !
4. У А́нн.... и Ива́н.... есть но́в..... маши́н..... .
5. У Андре́..... нет портфе́л..... .

② **Traduisez en russe :**

1. Avez-vous une adresse à Moscou ?

....

2. Ont-ils mon téléphone ?

....

3. As-tu une voiture ?

....

4. Je n'ai pas de vin, mais j'ai du café !

....

③ **Répondez à ce questionnaire :**

У вас есть маши́на?	
У вас есть велосипе́д?	
У вас есть телефо́н?	
У вас есть телеви́зор?	
У вас есть видеомагнитофо́н?	
У вас есть компью́тер?	
У вас есть соба́ка? ко́шка?	

Fiche 32

Quel temps fait-il ?

погóда	le temps	Хóлодно.	Il fait froid
сóлнце	le soleil	Теплó.	Il fait doux.
дождь	la pluie	Жáрко.	Il fait chaud.
снег	la neige	Идёт дождь.	Il pleut.
вéтер	le vent	Идёт снег.	Il neige.

Аллó! Стёпа! Ну как у тебя́ делá? У нас хóлодно, идёт дождь. А у вас там, в Марсéле, какáя погóда?
Allô ! Stiopa ! Alors, comment ça va, toi ? Chez nous, il fait froid, il pleut. Et chez vous, à Marseille, quel temps fait-il ?

Сóлнце, жáрко! Я на пля́же. Лю́ди купáются в мóре!
Il y a du soleil, il fait chaud ! Je suis à la plage. Les gens se baignent dans la mer !

☑ En russe, on demande littéralement « Comment est le temps ? » :
Какáя сегóдня погóда? Quel temps fait-il aujourd'hui ?
Сегóдня хорóшая погóда. Aujourd'hui, il fait beau.
Сегóдня плохáя погóда. Aujourd'hui, il fait mauvais.

☑ Ne confondez pas : на мóре = à la mer et в мóре = dans la mer.

☑ купáться (classe 2) ***se** baigner* est un verbe réfléchi. On ajoute –ся à toutes les formes, quelle que soit la personne :

я купáюсь*	мы купáемся
ты купáешься	вы купáетесь*
он, она купáется	они купáются

* Après une voyelle, -ся devient –сь.

☑ У + Génitif = chez...
У нас хóлодно. Chez nous, il fait froid.
Retenez : Как у тебя́ /у вас делá? Comment vas-tu /allez-vous ?

A vous de jouer !

① **Reliez le début de chaque phrase à la fin qui lui correspond.**

Сего́дня жа́рко! Мы идём...	ката́ются на са́нках в па́рке.
Сего́дня идёт снег, де́ти...	купа́ться.
Зимо́й я ча́сто...	ката́ется на конька́х.
Анто́н хорошо́...	ката́юсь на лы́жах.

ката́ть*ся* на лы́жах	faire du ski
ката́ть*ся* на конька́х	patiner
ката́ть*ся* на са́нках	faire de la luge

② **Voici les réponses. Trouvez les questions !**

	Нет, сего́дня тепло́!
	Пого́да о́чень хоро́шая!
	Нет, в Петербу́рге со́лнце!

③ **Dites quel temps il fait dans ces villes :**

Москва + 20°		
Мурманск – 2°		

Fiche 33

A qui écrivez-vous ?
Le Datif

писа́ть écrire		дава́ть donner	
я пишу́ ты пи́шешь он, она́ пи́шет	мы пи́шем вы пи́шете они пи́шут	я даю́ ты даёшь он, она даёт	мы даём вы даёте они даю́т

Кому́ ты пи́шешь, Стёпа?
A qui écris-tu, Stiopa ?

Ба́бушке, в Но́вгород. У неё ско́ро день рожде́ния!
A grand-mère, à Novgorod. C'est bientôt son anniversaire !

Почтальо́н даёт ба́бушке письмо́ из Москвы́. Э́то письмо́ от Стёпы! *Le facteur donne à la grand-mère une lettre de Moscou. C'est une lettre de Stiopa !*

☑ Le complément d'attribution (celui **à qui** on écrit, on donne, on dit quelque chose etc.) est au **Datif.**

☑ Formation du Datif :

1ère déclinaison : -е	2ème déclinaison : -у/-ю
ба́бушк-а - ба́бушк-е Ка́т-я - Ка́т-е	бра́т - брат-у Андре́й - Андре́-ю

☑ Pronoms interrogatifs кто, что au Datif : кому́, чему́

☑ Pronoms personnels au Datif :

Nom.	я	ты	он	она́	мы	вы	они́
Dat.	мне	тебе́	ему́	ей	нам	вам	им

☑ La destination et la provenance :
Куда́ он пи́шет? - В Но́вгород (в + Acc.).
Отку́да он пи́шет? - Из Москвы́ (из + Gén.).
От кого́ э́то письмо́? - От Стёпы (от + Gén.).

A vous de jouer !

① **Qui écrit à qui ? Ajoutez les désinences manquantes :**

1. Я пиш.... бáбушк.... .
2. Мáша пи́ш.... дру́г.....
3. Ты пи́ш.... коллéг...?
4. Роди́тели пи́ш..... сы́н... .
5. Вы пи́ш..... Олéг.... Ивáнович....?
6. Мы пи́ш.... актри́с..... .

② **Reliez les questions aux réponses correspondantes :**

Комý онá пи́шет?	Из Пари́жа.
Кудá онá пи́шет?	Подрýге.
Откýда онá пи́шет?	В Москвý.

③ **Choisissez la forme du pronom qui convient. Traduisez :**

1. Я говорю́ тебя́ / тебé, что ужé пóздно!
2. Он меня́ / мне даст газéту!
3. Я вас / вам слýшаю!
4. Вы егó / емý чáсто пи́шете?
5. Когó / комý ты звони́шь*?

---

* звони́ть (cl.1) - téléphoner

④ **Traduisez en russe :**

1. Je t'écris..
2. Vous me répondez. ....
3. Il leur donne la lettre. ....
4. Elle téléphone à un ami..

Fiche 34

Vous sentez-vous mal ?

мочь pouvoir	
я могу́	мы мо́жем
ты мо́жешь	вы мо́жете
он, она́ мо́жет	они мо́гут

Ну что, Стёпа, мы идём сего́дня в кино́?
Alors, Stiopa, on va au cinéma aujourd'hui ?

Я не могу́! Мне пло́хо : у меня́ температу́ра, мне жа́рко, и голова́ боли́т. Я ду́маю, мне на́до идти́ к врачу́.
Je ne peux pas ! Je me sens mal : j'ai de la fièvre, j'ai chaud et j'ai mal à la tête. Je pense que je dois aller chez le médecin.

☑ Vous rappelez-vous qu'un seul adverbe suffisait pour dire « Il fait chaud », « Il fait froid » etc. (page 68) ? Pour dire qu'on a chaud, froid, se sent bien, mal etc. on emploie les mêmes adverbes précédés du « sujet logique » au Datif (en russe, ces propositions sont impersonnelles) : Мне жа́рко. *J'ai chaud.* Вам хо́лодно? *Vous avez froid ?* Стёпе пло́хо. *Stiopa se sent mal.*

☑ On exprime de la même manière la possibilité, l'interdiction et l'obligation, à l'aide de 3 adverbes :
мо́жно (possibilité) ; нельзя́ (interdiction) ; на́до (obligation).
Стёпе на́до лежа́ть. *Stiopa doit rester couché.*
Вам нельзя́ кури́ть! *Il vous est interdit de fumer !*
Мне мо́жно идти́ домо́й? *Je peux rentrer à la maison ?*

☑ У меня́ (Génitif) боли́т голова́ (sujet). J'ai mal à la tête.
У него́ (Génitif) боля́т зу́бы (sujet). Il a mal aux dents.

☑ « Chez » : у + Génitif (lieu-situation) et к + Datif (lieu-destination).
Стёпа у врача́. Stiopa est chez le médecin.
Стёпа идёт к врачу́. Stiopa va chez le médecin.

A vous de jouer !

① **Dites le contraire :**

Мне хорошо́.	
Тебе жа́рко?	
Ему нельзя́ рабо́тать.	
У Стёпы нет температу́ры.	

② **Complétez ces dialogues entre le médecin et le patient :**

Врач : Что у вас боли́т?
Пацие́нт : ....
Врач : А температу́ра есть?
Пацие́нт : ....
Врач : Вам жа́рко?
Пацие́нт : ....
Врач : Вам нельзя́ е́хать в Пари́ж! Вам на́до лежа́ть!
Пацие́нт : ....

Врач : ....
Пацие́нт : У меня́ о́чень боли́т нога́!
Врач : ....
Пацие́нт : Нет, не могу́!
Врач : ....
Пацие́нт : А на маши́не е́здить мо́жно?
Врач : ....

Vocabulaire :
голова́ (tête), нога́ (pied, jambe), рука́ (main, bras), го́рло (gorge), живо́т (ventre), спина́ (dos).

Fiche 35

Avec qui partez-vous ?
L'instrumental

☑ Le complément d'accompagnement est introduit par la préposition с (avec) suivie de **l'Instrumental.**

☑ Formation de **l'Instrumental** :

1ère déclinaison : -ой/-ей	2ème déclinaison : -ом/-ем
О́льг-а ⇨ О́льг-ой Та́н-я ⇨ Та́н-ей Ната́ш-а ⇨ Ната́ш-ей*	Ви́ктор ⇨ Ви́ктор-ом И́горь ⇨ И́гор-ем муж ⇨ му́ж-ем*

* Révisez la règle d'orthographe de la page 26.

☑ Les pronoms interrogatifs кто, что à l'Instrumental : кем, чем.

☑ Les pronoms personnels à l'Instrumental :

Nom.	я	ты	он	она́	мы	вы	они́
Instr.	мной*	тобо́й	им*	ей*	на́ми	ва́ми	и́ми*

* Retenez : со мной ; с ним, с ней, с ни́ми (rappelez-vous qu'on ajoute н- après une préposition, voir page 66).

A vous de jouer !

① **Ajoutez, si besoin, les désinence manquantes :**

1. Мы е́дем в Москв.... с брат.... и сестр.... .
2. Они́ едя́т колбас.... с хле́б.... .
3. Вы пьёте ко́ф.... с молок.... .
4. Он ча́сто е́здит в Пари́ж.... с жен.... .
5. Дире́ктор и́дёт на рабо́т.... с портфе́л.... .
6. Он говори́т с това́рищ..... .

② **Le téléphone fonctionne mal. Complétez les répliques de celui qui n'entend pas, selon le modèle :**

- Ба́бушка! Это Ма́ша говори́т!
- Кто?
- Ма́ша!

- Ты зна́ешь Стёпу? - ....? - Стёпу!	- Я пишу́ А́не. - ....? - А́не!	- У нас нет компью́тера! - ....? - Компью́тера!
- Я ду́маю о ле́те! - ....? - О ле́те!	- Я с Ива́ном. - ....? - С Ива́ном!	- О́льге пло́хо! - ....? - О́льге !

③ **Traduisez en russe :**

1. Il travaille avec moi. ....
2. Vous allez à Moscou avec eux ? ....
3. Avec qui parlez-vous ?...
4. Je n'aime pas le café au lait ! ....

Fiche 36

Les noms féminins en -ь

тетрáдь	cahier
ночь	nuit
дверь	porte
óсень	automne
цéрковь	église
мать	mère
дочь	fille

Les noms féminins en -ь se déclinent selon un modèle particulier. Ils constituent la 3ème déclinaison :

Nominatif	тетрáдь
Accusatif	тетрáдь
Génitif	тетрáд-и
Datif	тетрáд-и
Instrumental	тетрáд-ью
Locatif	тетрáд-и

☑ Dans la 3ème déclinaison, le Génitif, le Datif et le Locatif coïncident.
Cela réduit la déclinaison à 3 formes :
тетрáдь (Nom., Acc.)
тетрáди (Gén., Dat., Loc.)
тетрáдью (Instr.)

☑ Le mot цéрковь a une « voyelle mobile » qui disparaît devant une désinence voyelle : цéрковь, цéркви, цéрковью.

☑ Les mots мать et дочь ont un suffixe qui apparaît lors de la déclinaison :
мать, мáтери, мáтерью
дочь, дóчери, дóчерью

✎ A vous de jouer !

① **Ajoutez, si besoin, les désinences manquantes :**

1. Ма́ша открыва́ет двер.... .
2. Поэ́т пи́шет об о́сен.... .
3. Мать идёт в парк... с до́чер...... и сы́н..... .
4. У тебя нет тетра́д...... ?
5. Ма́льчик идёт в шко́л.... с портфе́л.... и тетра́д..... .
6. Гид расска́зывает о це́ркв..... .
7. Учи́тель закрыва́ет тетра́д..... .
8. Сейча́с ноч.... . Тебе́ на́до спать!

открыва́ть cl.2	ouvrir
закрыва́ть cl.2	fermer
расска́зывать cl.2	raconter, parler de...

② **Reliez le début de la phrase à la fin qui lui correspond :**

Роди́тели лю́бят...	до́чери.
Роди́тели говоря́т с ...	дочь.
Оте́ц (père) расска́зывает о...	до́черью.

③ **Traduisez en russe :**

Mardi, nous allons à Novgorod avec une amie et sa mère. J'aime y aller en automne. Là-bas, il y a une belle église. Je veux la voir. ....

....

....

Fiche 37

Qu’avez-vous fait hier ?
Le passé

Где ты был вчера́? Что де́лал?
Où étais-tu hier ? Qu’as-tu fait ?

Утром спал, а пото́м был в па́рке с Оле́гом. Пого́да была́ прекра́сная! Мы игра́ли в футбо́л, пото́м купа́лись в о́зере, чита́ли, отдыха́ли... А ты что де́лала?
Le matin, j’ai dormi, puis j’étais au parc avec Oleg. Il a fait un temps superbe ! Nous avons joué au foot, puis nous nous sommes baignés au lac, nous avons lu, nous nous sommes reposés... Et toi, qu’as-tu fait ?

☑ Le passé est formé à partir de l’infinitif, à l’aide du suffixe л. Le verbe russe ne se conjugue pas au passé. Il s’accorde simplement avec le sujet en genre et en nombre. On ajoute –а pour le féminin, -о pour le neutre*, -и pour le pluriel, quelle que soit la personne :
де́лать – де́лал, де́лала, де́лали.
говори́ть – говори́л, говори́ла, говори́ли.

☑ Le verbe « être », быть, omis au présent, apparaît au passé :
быть – был, была́, бы́ло, бы́ли (Retenez l’accent !).
Comparez :

Présent	Passé
Сего́дня Стёпа до́ма.	Вчера́ Стёпа был до́ма.
Сего́дня Ма́ша в Москве́.	Вчера́ Маша была́ в Москве́.
Сего́дня хо́лодно.	Вчера́ бы́ло* хо́лодно.

* La forme neutre en –о correspond à une proposition impersonnelle.

☑ Les verbes réfléchis (voir page 68) au passé :
купа́ться : купа́*л*ся, купа́*ла*сь, купа́*ли*сь.

A vous de jouer !

① **Accordez les verbes au passé :**

1. Вчера́ Ива́н Васи́льевич был... в теа́тре.
2. Ма́ша, ты рабо́тал.... вчера́?
3. Вы уже́ смотре́л... э́тот фильм?
4. В а́вгусте бы́л.... о́чень жа́рко!
5. Тури́сты гуля́л... по го́роду*, пото́м обе́дал... в рестора́не.

* по + DatIf : гуля́ть по го́роду – se promener dans (à travers) la ville.

② **Mettez au passé :**

Анна рабо́тает в ба́нке.	
Что вы де́лаете?	
Та́ня, ты отдыха́ешь?	
Где они́?	
Мы игра́ем в те́ннис.	
Па́па смо́трит телеви́зор.	

③ **Le passé est formé à partir de *l'infinitif* du verbe. Pour certains verbes, la base de l'infinitif et celle du présent sont différentes...**

A. Mettez les verbes au présent :	**B. Mettez les verbes au passé :**
Он жил в Москве́.	Она́ сиди́т там. ....
Она хоте́ла есть.	Кни́га лежи́т на столе́. ....
Он ел блины́.	Аня пи́шет письмо́. ....
Мы пи́ли чай.	Вы берёте ко́фе? ....

④ Где вы бы́ли вчера́? Что вы де́лали?

....

....

....

Fiche 38

Que ferez-vous en vacances ?
Le futur

Ско́ро кани́кулы! Я всё ле́то бу́ду в дере́вне. Бу́ду загора́ть, купа́ться, гуля́ть в лесу́ и спать до обе́да! А ты, Стёпа, что бу́дешь де́лать на кани́кулах?
Bientôt, ce sont les vacances ! Je serai durant tout l'été à la campagne. Je bronzerai, je me baignerai, je me promènerai dans la forêt et je dormirai jusqu'au déjeuner ! Et toi, Stiopa, que feras-tu en vacances ?

Мы с бра́том бу́дем на Байка́ле. Бу́дем жить там в кэ́мпинге, на берегу́ о́зера. Говоря́т, там о́чень краси́во!
Avec mon frère, nous serons au lac Baïkal. Là-bas, nous vivrons dans un camping, au bord du lac. On dit que c'est très beau là-bas !

☑ Le verbe быть *être* au futur :
я бу́ду, ты бу́дешь, он/она́ бу́дет
мы бу́дем, вы бу́дете, они́ бу́дут
Ле́том он бу́дет в дере́вне. *En été, il sera à la campagne.*

☑ Pour tous les autres verbes étudiés, le futur est composé du verbe быть au futur suivi de l'infinitif :
Я бу́ду жить в кэ́мпинге. *Je vivrai dans un camping.*

☑ Ce futur, ainsi que le passé vu dans le chapitre précédent sont les temps dits **imperfectifs.** Vous pouvez les employer pour décrire vos occupations passées et futures.

☑ Quelques noms masculins ont le Locatif irrégulier, en –у́. Retenez :
лес *forêt* – в лесу́ ; бе́рег *bord, rive, littoral* – на берегу́.

☑ On (« des gens » ou « tout le monde ») :
3ème personne du pluriel, sans sujet : говоря́т = *on dit.*

✎ A vous de jouer !

① **Ajoutez les désinences manquantes dans cette lettre :**

> Приве́т, Ка́тя!
>
> Ско́ро бу́д.... кани́кул.... . Я ещё не зна́ю, что бу́д.... де́лать.
> Мо́жет быть, в ию́л.... мы со Стёп.... бу́д...... в дере́вн...., недалеко́ от Москв... . У ба́бушк..... там есть дом. Мы там уже́ был...... зим...., ката́л...... на лы́жах. Говор....., что ле́т.... там о́чень краси́во. Мы бу́д.... купа́ться в рек... и гуля́ть в лес.... , ве́чер.... бу́д..... пить чай на терра́с...! Что ты бу́д... де́лать в ию́л...? Хо́ч..... отдыха́ть в дере́вн.... с на́ми? Пиши́! Пока́!
>
> Ма́ша

② **Mettez au futur :**

Она отдыха́ла.	
Мы чита́ли газе́ты.	
Они́ ката́лись на лы́жах.	
Мне бы́ло хо́лодно.	
Была́ хоро́шая пого́да.	

③ Каки́е у вас пла́ны на ле́то? Где вы бу́дете? Что бу́дете де́лать?

....

....

....

....

Fiche 39

Combien ?

ско́лько?	combien ?

Да́йте мне, пожа́луйста, оди́н лимо́н, две гру́ши и пять я́блок!
Donnez-moi, s'il vous plaît, un citron, deux poires et cinq pommes !

Де́сять рубле́й, пожа́луйста!
Dix roubles, s'il vous plaît !

1 + Nominatif sing.	**2, 3, 4 + Génitif sing.**	**≥ 5 + Génitif pluriel**
оди́н лимо́н	два, три, четы́ре лимо́на	пять лимо́нов
одна́ гру́ша	две, три четы́ре гру́ши	шесть груш
одно́ я́блоко	два, три, четы́ре я́блока	семь я́блок
оди́н рубль	два, три, четы́ре рубля́	де́сять рубле́й

☑ Les numéraux cardinaux 1 et 2 s'accordent en genre avec le nom qui les suit : оди́н (m), одна́ (f), одно́ (n) ; два (m,n) ; две (f)

☑ Formation du **Génitif pluriel** :

Noms masculins en consonne (sauf chuintante) : ов/-ев*	Noms féminins en -а/-я et neutres : désinence « zéro »	Noms masculins en chuintante et tous les noms en -ь : -ей
дом – домо́в актёр – актёров музей – музе́ев*	шко́ла – школ неде́ля – неде́ль** я́блоко – я́блок	рубль – рубле́й дверь – двере́й врач – враче́й

* La désinence –ев correspond aux noms en –й et à l'application de la règle d'orthographe de la page 26 (ме́сяц – ме́сяцев).
** On ajoute –ь pour indiquer la mouillure de la consonne finale.

☑ Retenez 2 exceptions : мо́ре – море́й ; по́ле *champ* - поле́й

A vous de jouer !

① **Ecrivez les chiffres en toutes lettres et accordez les noms :**

1 .... пи́сьм....	10 .... маши́н....
2 .... газе́т....	4 .... авто́бус....
5 .... студе́нт....	5 .... тетра́д....

② Ско́лько? **Regardez les images et dites-le en russe !**

Два до́ма.

....

....

③ **Lisez cette liste d'achats et imaginez le dialogue entre vous et le vendeur :**

- карандаши – 10
- тетради – 6
- ручки – 2
- дискеты* - 20

Вы :..

....

....

Продаве́ц *vendeur* : ....

....

*диске́та f – une disquette

Fiche 40

Combien ? (suite)
L'heure, l'âge

Ско́лько сейча́с вре́мени? Кото́рый час?	Quelle heure est-il ? (il y a deux façons de le dire)
Во ско́лько...?	A quelle heure.... ?
час	heure

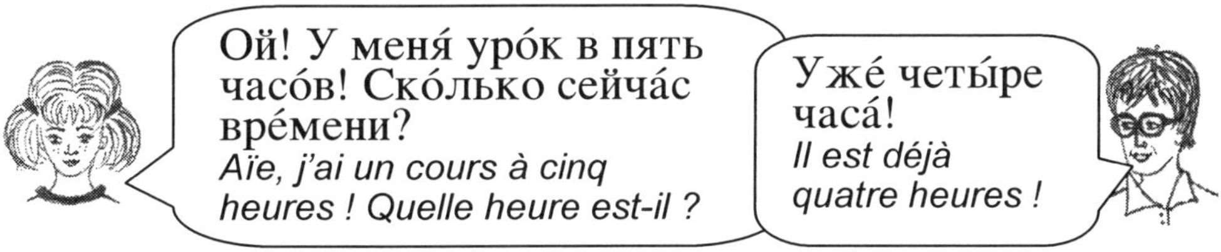

час	два часа́	три часа́	четы́ре часа́	пять часо́в

Ско́лько тебе́ (вам) лет?	Quel âge as-tu (avez-vous) ?
год (Génitif pluriel : лет)	an, année

☑ L'heure : si on veut préciser s'il s'agit du matin ou du soir, on dit : во́семь часо́в утра́ ; во́семь часо́в ве́чера.

☑ L'âge : on dit littéralement « cela me fait ... années ». Le « sujet logique » est au Datif : Ма́ше два́дцать лет.

☑ On accorde le nom avec le dernier élément du nombre : два́дцать оди́н год ; со́рок три го́да; пятьдеся́т пять лет.

A vous de jouer !

① Ско́лько сейча́с вре́мени?

……………… ……………… ……………… ……………… ………………
……………… ……………… ……………… ……………… ………………

② **Racontez votre emploi du temps en répondant aux questions ci-dessous :**

Во ско́лько вы встаёте*?	
Во ско́лько вы за́втракаете?	
Во ско́лько вы идёте на рабо́ту (в шко́лу, в университе́т…)?	
Во ско́лько вы обе́даете?	
Во ско́лько вы идёте домо́й?	
Во ско́лько вы у́жинаете?	
Во ско́лько вы ложи́тесь спать*?	

* встава́ть (я встаю́, ты встаёшь… они встаю́т) – se lever
ложи́ться (cl.1) спать – se coucher

③ **Demandez l'âge de ces personnes et donnez la réponse :**

Стёпа – 23 : Ско́лько лет Стёпе? - Ему́ два́дцать три го́да.

1. Ната́ша - 28 : ………………………………
2. А́нна Петро́вна - 41 : ………………………………
3. Оле́г Ива́нович - 52 : ………………………………

④ Ско́лько вам лет?

………………………………………………………………

Vocabulaire

А	
а	et
а́вгуст	août
авто́бус	autobus
а́дрес	adresse
актёр, актри́са	acteur, actrice
алло́!	allô !
англи́йский	anglais
англича́нин, англича́нка	Anglais, Anglaise
А́нглия	Angleterre
апре́ль	avril
атле́т	athlète
Б	
ба́бушка	grand-mère
балала́йка	balalaïka
бале́т	ballet
банк	banque
бар	bar
баскетбо́л	basket-ball
бассе́йн	piscine
бе́рег	bord, rive, littoral
библиоте́ка	bibliothèque
блин	« blini », crêpe russe
бокс	boxe
боле́ть	faire mal
большо́й	grand
борщ	« bortsch » (soupe)
брат	frère

брать	prendre
бульва́р	boulevard
буфе́т	buffet ; cafétéria
бы́стро	vite
быть	être
В	
в	dans, à
ва́за	vase
ваш	votre
велосипе́д	vélo
ве́тер	vent
весна́	printemps
весно́й	au printemps
ве́чер	soir
ве́чером	le soir, dans la soirée
ви́деомагнитофо́н	magnétoscope
ви́деть	voir
винегре́т	salade russe
вино́	vin
вку́сный	bon (goût)
вода́	eau
во́дка	vodka
вокза́л	gare
волейбо́л	volley-ball
во ско́лько?	à quelle heure ?
воскресе́нье	dimanche
врач	médecin
вре́мя	temps (heure)
всегда́	toujours
встава́ть	se lever

вто́рник	mardi
вчера́	hier
вы	vous
Г	
газе́та	journal
гара́ж	garage
где	où (lieu)
геогра́фия	géographie
Герма́ния	Allemagne
гид	guide
гимна́стика	gymnastique
гита́ра	guitare
говори́ть	parler ; dire
год	an, année
голова́	tête
гора́	montagne
го́рло	gorge
го́род	ville
господи́н	monsieur
госпожа́	madame
гости́ница	hôtel
гото́вить	préparer ; cuisiner
гру́ша	poire
гуля́ть	se promener
Д	
да	oui
дава́ть	donner
да́же	même
далеко́	loin
дверь	porte

де́вочка	fillette
де́вушка	jeune fille
де́душка	grand-père
дека́брь	décembre
де́лать	faire
день	jour
день рожде́ния	anniversaire
дере́вня	campagne ; village
де́ти	enfants
дива́н	divan, canapé
диске́та	disquette
дискоте́ка	discothèque
дире́ктор, директри́са	directeur, directrice
для	pour
днём	dans la journée
до	jusqu'à
до́брый	bon, gentil
дождь	pluie
дом	maison ; immeuble
до́ма	à la maison (lieu)
домо́й	à la maison (destination)
до свида́ния	au revoir
до́чка, дочь	fille (lien de parenté)
друг	ami
ду́мать	penser
Е	
его́, её	son, sa, ses
е́здить	aller  (plus d'une fois)
есть	manger
есть	il y a

éхать	aller (une fois)
ещё	encore
Ж	
жáрко	il fait chaud
же	bien, donc (particule)
женá	femme (épouse)
жéнщина	femme
живóт	ventre
жирáф	girafe
жить	vivre, habiter
журнáл	magazine
З	
за	derrière
зáвтра	demain
зáвтрак	petit déjeuner
зáвтракать	prendre le petit déjeuner
зá город, зá городом	à la campagne
закрывáть	fermer
звонúть	téléphoner
здесь	ici
здрáствуй, здрáвствуйте	bonjour
зимá	hiver
зимóй	en hiver
знать	savoir, connaître
зуб	dent
И	
и	et
идтú	aller (une fois)
игрáть	jouer
из	de (provenance)

извини́! извини́те!	excuse-moi ! excusez-moi !
икра́	caviar
и́ли	ou
и́мя	prénom
инжене́р	ingénieur
иногда́	parfois
интере́сный	intéressant
Испа́ния	Espagne
испа́нец, испа́нка	Espagnol, Espagnole
испа́нский	espagnol
исто́рия	histoire
Ита́лия	Italie
италья́нец, италья́нка	Italien, Italienne
италья́нский	italien
их	leur
ию́ль	juillet
ию́нь	juin
К	
к	chez (destination)
казино́	casino
как	comment
кака́о	chocolat (à boire)
како́й	quel
ка́ждый	chaque
кани́кулы	vacances
каранда́ш	crayon
ка́рта	carte
ката́ться на конька́х	patiner
ката́ться на лы́жах	faire du ski
ката́ться на са́нках	faire de la luge

кафе́	café (lieu)
ка́ша	kacha (bouillie de céréales)
кварти́ра	appartement
кино́	cinéma
кио́ск	kiosque
класс	classe
когда́	quand
ко́ка-ко́ла	coca-cola
колбаса́	saucisson
колле́га	collègue
ко́мната	pièce, chambre
компози́тор	compositeur
компо́т	boisson aux fruits cuits
компью́тер	ordinateur
конфере́нция	conférence
конья́к	cognac
кот, ко́шка	chat
котле́та	boulette de viande
ко́фе	café (boisson)
краси́вый	beau
кто	qui
куда́	où (destination)
культу́ра	culture
купа́ться	se baigner
кури́ть	fumer
кэ́мпинг	camping
Л	
ла́мпа	lampe
лежа́ть	être couché, posé à plat
лес	forêt

лéто	été
лéтом	en été
лимóн	citron
литератýра	littérature
ложи́ться спать	se coucher
люби́ть	aimer
лю́ди	gens
М	
магази́н	magasin
май	mai
мáма	maman
мáленький	petit
мáло	peu
мáльчик	garçon
март	mars
математика	mathématiques
мать	mère
маши́на	voiture
мéдленно	lentement
меню́	menu
мéсяц	mois
метрó	métro
мнóго	beaucoup
мóжет быть	peut-être
мóжно	on peut
мой	mon
молодóй	jeune
молокó	lait
мóре	mer
Москвá	Moscou

мочь	pouvoir
муж	mari
мужчи́на	homme
музе́й	musée
му́зыка	musique
мы	nous
Н	
на	sur, à
на́до	il faut
напи́ток	boisson
нале́во	à gauche (direction)
напра́во	à droite (direction)
наш	notre
не	ne, ne... pas
недалеко́	pas loin
неде́ля	semaine
не́ за что	de rien
нельзя́	on ne peut pas
не́мец, не́мка	Allemand, Allemande
неме́цкий	allemand
нет	non
нет	il n'y a pas de
никогда́	jamais
ничего́	rien ; cela ne fait rien
но́вый	nouveau, neuf
нога́	pied, jambe
ночь	nuit
но́чью	la nuit, dans la nuit
ноя́брь	novembre
ну	et bien,...

О	
о, об	au sujet de...
обе́д	le déjeuner
обе́дать	déjeuner
обы́чно	d'habitude
окно́	fenêtre
о́коло	près de...
октя́брь	octobre
омле́т	omlette
он, она́, оно́, они́	il, elle, --, ils/elles
о́пера	opéra
о́сень	automne
о́сенью	en automne
от	de (de la part de...)
отвеча́ть	répondre
отдыха́ть	se reposer
открыва́ть	ouvrir
оте́ц	père
откры́тка	carte postale
отку́да?	d'où ?
о́чень	très
П	
пальто́	manteau
па́па	papa
пацие́нт	patient
Пари́ж	Paris
парк	parc
пешко́м	à pied
пи́во	bière
пикни́к	pique-nique

писа́тель	écrivain
писа́ть	écrire
письмо́	lettre
пить	boire
плака́т	affiche
пло́хо	mal
плохо́й	mauvais
пляж	plage
по-англи́йски	en anglais
пого́да	temps (météo)
подру́га	amie
пожа́луйста	s'il te plaît, s'il vous plaît
по́здно	tard
по-италья́нски	en italien
по-испа́нски	en espagnol
пока́!	salut ! (au revoir)
покупа́ть	acheter
по́льский	polonais
По́льша	Pologne
поля́к, по́лька	Polonais, Polonaise
понеде́льник	lundi
по-неме́цки	en allemand
понима́ть	comprendre
по-по́льски	en polonais
порт	port
портфе́ль	cartable
по-ру́сски	en russe
пото́м	après, ensuite
по-францу́зски	en français
по́чта	poste

поэ́т	poète
прекра́сный	superbe
пре́сса	presse
приве́т!	salut ! (bonjour)
приро́да	nature
проспе́кт	avenue
прости́! прости́те!	excuse-moi ! excusez-moi !
продаве́ц	vendeur
пя́тница	vendredi
Р	
рабо́та	travail
рабо́тать	travailler
ра́но	tôt
расска́зывать	raconter
ре́дко	rarement
режиссёр	metteur en scène, réalisateur
река́	fleuve
рестора́н	restaurant
роди́тели	parents
Росси́я	Russie
рубль	rouble
рука́	main, bras
ру́сский	russe ; Russe
ру́чка	stylo
С	
с	avec
сади́сь! сади́тесь!	assieds-toi ! asseyez-vous !
сала́т	salade
самова́р	samovar
самолёт	avion

сего́дня	aujourd'hui
сейча́с	maintenant
семья́	famille
сентя́брь	septembre
сестра́	sœur
сиде́ть	être assis
скажи́! скажи́те!	dis ! dites !
ско́лько	combien
сле́ва	à gauche (lieu)
сло́во	mot
слу́шать	écouter
слы́шать	entendre
смотре́ть	regarder
снег	neige
соба́ка	chien
сок	jus de fruits
со́лнце	soleil
соси́ска	saucisse
спаси́бо	merci
спать	dormir
спина́	dos
спорт	sport
спра́ва	à droite (lieu)
спра́шивать	demander
среда́	mercredi
ста́рый	vieux
стол	table
стоп	stop
стоя́ть	être debout, posé verticalement
студе́нт, студе́нтка	étudiant, étudiante

стул	chaise
суббóта	samedi
сýмка	sac
суп	soupe
сын	fils
сюдá	ici (direction)
Т	
таксú	taxi
там	là-bas (lieu)
твой	ton
теáтр	théâtre
текст	texte
телевúзор	téléviseur
телефóн	téléphone
тéннис	tennis
теплó	il fait doux
террáса	terrasse
тетрáдь	cahier
тигр	tigre
товáрищ	camarade
тóже	aussi
тóлько	seulement
торт	gâteau
трáнспорт	transport
турúст, турúстка	touriste
тут	ici (lieu)
тýфля	chaussure
ты	tu
У	
у	chez (lieu)

уже́	déjà
у́жин	le dîner
у́жинать	dîner
у́лица	rue
университе́т	université
уро́к	leçon, cours
учени́к, учени́ца	élève
учи́тель, учи́тельница	professeur
Ф	
факс	fax
фами́лия	nom de famille
февра́ль	février
фи́зика	physique
Фра́нция	France
францу́з, францу́женка	Français, Française
францу́зский	français
фрукт	fruit
футбо́л	football
Х	
хи́мия	chimie
хлеб	pain
ходи́ть	aller (plus d'une fois)
хокке́й	hockey
хоро́ший	bon
хорошо́	bien
хоте́ть	vouloir
Ц	
це́рковь	église
Ч	
чай	thé

час	heure
ча́сто	souvent
чей? чья? чьё? чьи?	à qui ? (appartenance)
челове́к	un homme, une personne
четве́рг	jeudi
чита́ть	lire
что	que, quoi
чуть-чуть	un petit peu
Ш	
ша́пка	chapka, bonnet
шеф	chef
шко́ла	école
шофёр	chauffeur
Э	
экску́рсия	visite guidée
э́тот, э́та, э́то, э́ти	ce, cette, ce, ces
э́то	ça, ceci, cela
Я	
я	je
я́блоко	pomme
язы́к	langue
янва́рь	janvier

La déclinaison des noms

1ère déclinaison : noms féminins et masculins en -a/-я

	Type dur	Type mou
Nominatif	ла́мп-а	ту́фл-я
Accusatif	ла́мп-у	ту́фл-ю
Génitif	ла́мп-ы	ту́фл-и
Datif	ла́мп-е	ту́фл-е
Instrumental	ла́мп-ой	ту́фл-ей
Locatif	ла́мп-е	ту́фл-е

2ème déclinaison : noms masculins en consonne et neutres en -o/-e

	Masculin		Neutre	
	Type dur	Type mou	Type dur	Type mou
Nominatif	дом	портфе́ль	окн-о́	мо́р-е
Accusatif	дом*	портфе́ль*	окн-о́	мо́р-е
Génitif	до́м-а	портфе́л-я	окн-а́	мо́р-я
Datif	до́м-у	портфе́л-ю	окн-а́	мо́р-ю
Instrumental	до́м-ом	портфе́л-ем	окн-о́м	мо́р-ем
Locatif	до́м-е	портфе́л-е	окн-е́	мо́р-е

* Noms masculins « inanimés » : Accusatif = Nominatif
Noms masculins « animés » : Accusatif = Génitif

3ème déclinaison : noms féminins en -ь

Nominatif	тетра́дь
Accusatif	тетра́дь
Génitif	тетра́д-и
Datif	тетра́д-и
Instrumental	тетра́д-ью
Locatif	тетра́д-и

Les noms à retenir

Les noms invariables

казинó n	casino
кафé n	café (lieu)
кинó n	cinéma
кóфе m	café (boisson)
менú n	menu
метрó n	métro
пальтó n	manteau
таксú n	taxi

Les noms masculins qui ont au pluriel la désinence -á/-я́

дом maison, immeuble	домá
гóрод ville	городá
учúтель professeur	учителя́
бéрег rive, bord, littoral	берегá
лес forêt	лесá
вéчер soir, soirée	вечерá
пóезд train	поездá

Les noms en -ия : ils ont la désinence –и au Locatif

Россúя, Фрáнция...	В Россúи, во Фрáнции...
фотогрáфия	на фотогрáфии

Les noms de 3ème déclinaison мать mère **et** дочь fille **à cause du suffixe** -ер- **qui apparaît à la déclinaison**

Nominatif, Accusatif	мать	дочь
Génitif, Datif, Locatif	ма́тери	до́чери
Instrumental	ма́терью	до́черью

Les noms qui ont une forme de Locatif irrégulière en –у́

лес	в лесу́
берег	на берегу́

Les noms qui ont une « voyelle mobile »
(une voyelle mobile disparaît devant une désinence voyelle)

Nominatif	оте́ц père
Accusatif	отца́
Génitif	отца́
Datif	отцу́
Instrumental	отцо́м
Locatif	отце́

Nominatif	день jour
Accusatif	день
Génitif	дня
Datif	дню
Instrumental	днём
Locatif	дне

Nominatif, Accusatif	це́рковь église
Génitif, Datif, Locatif	це́ркви
Instrumental	це́рковью

La déclinaison des pronoms personnels

Nominatif	я	ты	он	она́	мы	вы	они́
Accusatif	меня́	тебя́	(н)его́*	(н)её	нас	вас	(н)их
Génitif	меня́	тебя́	(н)его́	(н)её	нас	вас	(н)их
Datif	мне	тебе́	(н)ему́	(н)ей	нам	вам	(н)им
Instrumental	мной	тобо́й	(н)им	(н)ей	на́ми	ва́ми	(н)и́ми
Locatif	мне	тебе́	нём	ней	нас	вас	них

* н- s'ajoute après une préposition. Le Locatif n'est jamais employé sans préposition, c'est qui explique l'absence des parenthèses.

La déclinaison des pronoms interrogatifs

Nominatif	кто	что
Accusatif	кого́	что
Génitif	кого́	чего́
Datif	кому́	чему́
Instrumental	кем	чем
Locatif	ком	чём

Les mots interrogatifs

кто? (когó? комý? кем? ком?)	qui ?
что? (чегó? чемý? чем? чём?)	quoi ?
где?	où ? (lieu-situation)
кудá?	où ? (lieu-destination)
откýда?	d'où ? (lieu-provenance)
когдá?	quand ?
как?	comment ?
почемý?	pourquoi ?
какóй? какáя? какóе? какúе?	quel ? comment ?
чей? чья? чьё? чьи?	à qui ?
скóлько?	combien ?

Les prépositions

Préposition	Le cas qui suit	Traduction
в	+ Locatif (lieu) + Accusatif (destination)	dans, à
на	+ Locatif (lieu) + Accusatif (destination)	sur, à
о	+ Locatif	au sujet de...
óколо	+ Génitif	près de...
от	+ Génitif	de (point de départ)
из	+ Génitif	de (provenance)
для	+ Génitif	pour
к	+ Datif	chez (destination) ; vers
у	+ Génitif	chez (lieu)
по	+ Datif	le long de... ; à travers
с	+ Instrumental	avec
за	+ Instrumental (lieu) + Accusatif (destination)	derrière
пéред	+ Instrumental	devant

Les verbes à retenir

Les verbes de la classe 1 palatalisés à la 1ère personne du singulier

сиде́ть	s'asseoir	я сижу́	д ⇨ ж
ви́деть	voir	я ви́жу	д ⇨ ж
ходи́ть	aller (> 1 fois)	я хожу́	д ⇨ ж
е́здить	aller (> 1 fois)	я е́зжу	д ⇨ ж
люби́ть	aimer	я люблю́	б ⇨ бл
гото́вить	préparer	я гото́влю	в ⇨ вл
спать	dormir	я сплю	п ⇨ пл

Les verbes du type жить
(base du présent différente de celle de l'infinitif ; voyelle de liaison ё)

жить vivre, habiter	брать prendre	пить boire	идти́ aller (1 fois)
я живу́ ты живёшь он, она́ живёт мы живём вы живёте они́ живу́т	я беру́ ты берёшь он, она́ берёт мы берём вы берёте они́ беру́т	я пью ты пьёшь он, она пьёт мы пьём вы пьёте они пьют	я иду́ ты идёшь он, она́ идёт мы идём вы идёте они́ иду́т

Les verbes au suffixe -ва-
(le suffixe disparaît au présent ; la voyelle de liaison est ё)

дава́ть donner	встава́ть se lever
я даю́ ты даёшь он, она́ даёт мы даём вы даёте они даю́т	я встаю́ ты встаёшь он, она́ встаёт мы встаём вы встаёте они́ встаю́т

Les verbes irréguliers

писа́ть écrire	е́хать aller  (1 fois)	мочь pouvoir
я пишу́ ты пи́шешь он, она́ пи́шет мы пи́шем вы пи́шете они пи́шут	я е́ду ты е́дешь он, она́ е́дет мы е́дем вы е́дете они́ е́дут	я могу́ ты мо́жешь он, она́ мо́жет мы мо́жем вы мо́жете они мо́гут

хоте́ть vouloir	есть manger
я хочу́ ты хо́чешь он, она́ хо́чет мы хоти́м вы хоти́те они хотя́т	я ем ты ешь он, она́ ест мы еди́м вы еди́те они́ едя́т

Corrigés des exercices

Fiche 1

① parc, sport, soupe, banque, boxe, texte, stop, fax, classe, tigre, chef, film, cinéma, kiosque, théâtre, athlète, maman, papa, lampe, carte, football, banane, étudiant, touriste, métro, taxi, restaurant, téléphone, téléviseur, bibliothèque, transport, université.

② во́дка, спу́тник, самова́р, балала́йка.

Fiche 2

③ 1 – дом 2 – уро́к 3 – кни́га 4 – Москва́ 5 – фами́лия 6 – каранда́ш

Fiche 3

①

1. - Что э́то? - Э́то дом.
2. - Э́то Москва́? - Да, э́то Москва́!
3. - Кто э́то? - Э́то кот Пушо́к!
4. - Э́то Пари́ж? - Нет, это не Пари́ж! Э́то Лилль!

②

- Кто э́то? - Э́то кот.
- Что э́то? - Э́то кни́га.
- Что э́то? - Э́то су́мка.
- Что э́то? - Э́то ко́фе.
- Что э́то? - Э́то тетра́дь.
- Что э́то? - Э́то ла́мпа.
- Что э́то? - Э́то журна́л.
- Что э́то? - Э́то ру́чка.
- Что э́то? - Э́то портфе́ль.
- Что э́то? - Э́то стул.
- Что э́то? - Э́то стол.
- Что э́то? - Э́то окно́.
- Что э́то? - Э́то каранда́ш.
- Что э́то? - Э́то мо́ре.
- Что э́то? - Э́то телефо́н.
- Что э́то? - Э́то Москва́.

Fiche 4

① Alexis, Serge, Alexandre, Stéphane, Michel, Nathalie, Catherine, Elisabeth, Julie, Sophie.

② Ната́ша - Ната́лья, И́ра -Ири́на, Ри́та- Маргари́та, Та́ня -Татья́на, Ка́тя - Екатери́на.
Са́ша - Адекса́ндр, Ди́ма - Дми́трий, Бо́ря - Бори́с, Ко́ля - Никола́й, Я́ша - Я́ков.

③

1. H 2. F 3. F 4. H 5. F 6. H

④

1.Сергéй 2. Антóн 3. Николáй 4. Ивáн

Fiche 5

①

1. – Salut, Tania ! – Salut, Ira !
2. – Bonjour, Ivan Pétrovitch ! Bonjour, Natacha !
3. – Bonjour ! Comment vous appelez-vous ? – Je m'appelle Jacques. Et quel est votre nom ? Mon nom est Duval.
4. - Salut, Sacha ! – Salut, Katia !

②

1. Здрáвствуйте, Áнна Николáевна!
2. Менй зовýт Натáша. А тебй?
3. Как вáша фами́лия?
4. Мой фами́лия - Петрóв.
5. - Как вас зовýт? - Менй зовýт Сергéй Ви́кторович.

③

Привéт!
Здрáвствуйте!
Здрáвствуйте!
Как вáша фами́лия?
Менй зовýт.... . Мой фами́лия - ....

Fiche 6

①

1. окнó (seul neutre parmi les masculins)
2. пáпа (seul masculin parmi les féminins)
3. Тóля (seul masculin parmi les féminins)
4. кóфе (seul masculin parmi les neutres)
5. портфéль (seul masculin parmi les féminins)
6. дéвочка (seul féminin parmi les masculins)

②

Э́то кни́га. Вот она́.
Э́то портфе́ль. Вот он.
Э́то тетра́дь. Вот она́.
Э́то маши́на. Вот она́.
Э́то окно́. Вот оно́.
Э́то су́мка. Вот она́.

Э́то каранда́ш. Вот он.
Э́то газе́та. Вот она́.
Э́то ру́чка. Вот она́.
Э́то мо́ре. Вот оно́.
Э́то ко́фе. Вот он.
Э́то ла́мпа. Вот она́.

Fiche 7

①

1. – Voici l'école ! – Où ? A droite ? – Non ! A droite, c'est la poste. Et l'école est là-bas, à gauche ! La voici !
2. – C'est la rue Tchékhov ? – Non, c'est la rue Pouchkine. – Et où est la rue Tchékhov ? – Elle est à droite, là où sont l'église et le musée !
3. – Oh, qu'est-ce que c'est là-bas ? Un fleuve ? – Oui, c'est la Néva !
4. – Voici l'hôtel KOSMOS : ici, c'est le bar, et là-bas, le restaurant et le casino.
5. – C'est le port, et là-bas, c'est le parc. – Et où est la ville ? – Elle est là-bas, à gauche !

②

- Где по́чта?
- Она́ там, сле́ва!
- А тут, э́то теа́тр?
- Где?
- Сле́ва!
- Да, э́то теа́тр.

- А где метро́?
- Вот оно́!
- А там, спра́ва, что э́то?
- Э́то дискоте́ка (шко́ла, рестора́н...)

Fiche 8

① шко́лы, рестора́ны, библиоте́ки, газе́ты, журна́лы, кни́ги, ма́льчики, портфе́ли, су́мки, магази́ны, теа́тры, карандаши́.

②

- Что э́то? - Э́то тетра́ди.
- Кто э́то? - Э́то коты́.
- Что э́то? - Э́то ту́фли.
- Что э́то? - Э́то ко́фе.
- Что это? - Э́то де́вочки.
- Что это? - Э́то карандаши́.

- Что э́то? - Э́то ру́чки.
- Что э́то? - Э́то ма́льчики.
- Что э́то? - Э́то ла́мпы.
- Что э́то? - Э́то кни́ги.
- Что э́то? - Э́то о́кна.
- Что э́то? - Э́то су́мки.

③ Домá, маши́ны, ýлицы, автóбусы, магази́ны, ресторáны, теáтры, кинотеáтры, шкóлы, пáрки...

Fiche 9

①

1. Il est acteur. 2. Vous êtes professeur ? 3. Je suis chauffeur. 4. Elle est journaliste. 5. Vous êtes directrice ? 6. Il est médecin. 7. Tu es étudiant ? 8. Elle est élève. 9. Elle est touriste. 10. Elle est guide. 11. Elle est ingénieur. 12. Tu es étudiante ?

② Онá врач. Онá актри́са. Онá студéнтка. Онá учени́ца.
Онá директри́са. Онá тури́стка. Онá учи́тельница. Онá инженéр.
Онá гид. Онá журнали́стка.

Fiche 10

①

Вот фотогрáфии. Э́то моя́ семья́. Вот тут мои́ роди́тели.
Э́то моя́ мáма, А́нна Сергéевна и мой пáпа, Олéг Ивáнович.
Э́то моя́ бáбушка Антони́на Ивáновна. Тут мой дéдушка,
Ивáн Семёнович. А э́то И́горь, мой брат и Аню́та, моя́ сестрá.
Тут Мýрка, моя́ кóшка, и моя́ собáка Цéзарь.

②

- Э́то вáша тýфля? - Да, моя́.
- Э́то вáша кни́га? Да, моя́.
- Э́то ваш телефóн? Да, мой.
- Э́то ваш кот (вáша кóшка)? Да, мой (моя́).
- Э́то вáши газéты? Да, мои́.
- Э́то ваш кóфе? Да, мой.
- Э́то вáши карандаши́? Да, мои́
- Э́то ваш портфéль? Да, мой.
- Э́то вáша маши́на? Да, моя́.
- Э́то ваш стул? Да, мой.

③

1. Э́то Антóн и егó роди́тели.
2. Вот мой брат, егó женá и их дéти.
3. Вот О́льга и её сын.
4. Э́то Ивáн и егó сестрá.

Fiche 11

①

ма́льькое о́зеро, плохо́й журна́л, ста́рая маши́на, молоды́е актёры

②

краси́вый го́род	но́вое пальто́
ма́ленькая де́вочка	вку́сный ко́фе
ста́рый де́душка	большо́е о́зеро
до́брая соба́ка	молода́я ко́шка
плохо́е вино́	интере́сная кни́га
хоро́шие журна́лы	каки́е газе́ты?

③

-Како́й э́то го́род?	-Како́й э́то музе́й?	-Како́й э́то го́род?
-Москва́!	-Эрмита́ж!	-Санкт-Петербу́рг!
-Како́й ста́рый го́род!	-Како́й интере́сный музе́й!	-Како́й краси́вый го́род!

Fiche 12

①

1. - Кто э́тот мужчи́на? - Э́то мой де́душка!
2. - Кто э́то? - Э́то Анто́н Фёдоров.
3. - Э́та де́вочка - ва́ша до́чка? - Да, э́то моя́ до́чка Ли́за.

② Plusieurs variantes de répliques sont possibles. Ceci n'est qu'une suggestion :

- Кто э́та же́нщина?
- Э́то Еле́на Семёнова, на́ша директри́са.
- А кто э́тот ма́льчик?
- Э́то Я́ша, её сын.
- Кто э́тот мужчи́на?
- Э́то её муж, Серге́й.
- А э́тот молодо́й челове́к?
- Како́й молодо́й челове́к?
- Там, спра́ва!
- А, э́то Ива́н, наш но́вый фото́граф!
- А э́ти лю́ди?
- Э́то мои́ колле́ги!

③

1. Кто э́та краси́вая же́нщина? – Э́то моя́ жена́!
2. Господи́н Ивано́в – наш дире́ктор.
3. Вот моя́ до́чка Ири́на и её друг Ви́ктор.
4. Вот госпожа́ Жу́кова, на́ша но́вая колле́га.

Fiche 13

①

А.

- Скажи́те, пожа́луйста, где музе́й?
- Музе́й там, спра́ва!
- Спаси́бо!
- Не́ за что!

Б

- Э́то ва́ше пальто́?
- Да, э́то моё пальто́.
  А э́то ваш стул?
- Да, мой!
- Ой, извини́те, пожа́луйста!
- Ничего́!
- Сади́тесь, пожа́луйста!
- Спаси́бо!

②

1. Скажи́те, пожа́луйста, где Кремль?
2. Прости́те, пожа́луйста, где Тверско́й бульва́р?

③

1. Извини́те, пожа́луйста! (Прости́те, пожа́луйста!)
2. Не́ за что!
3. Спаси́бо!
4. Не́ за что!
5. Сади́тесь, пожа́луйста!

Fiche 14

①

1. Ты говори́шь по-францу́зски?
2. Что они́ говоря́т?
3. Мы не говори́м по-ру́сски!
4. Что вы говори́те?
5. Я говорю́, что э́то метро́.
6. Она́ говори́т по-ру́сски.

②

Вы ку́рите? - Нет!
Где она́ стои́т? - Спра́ва!
Что ты говори́шь! - Что э́то Во́лга!
Что он смо́трит? - Фильм!

③

1. Мы говори́м по-ру́сски.
2. – Вот сигаре́ты. – Спаси́бо, я не курю́.
3. Па́па смо́трит телеви́зор.
4. Я говорю́, что А́лла не говори́т по-францу́зски!

Fiche 15

①

1. Жан Дела́тр. Он францу́з. Он говори́т по-францу́зски.
2. Джон Смит. Он англича́нин. Он говори́т по-англи́йски.
3. Карл Ми́ллер. Он не́мец. Он говори́т по-неме́цки.
4. Пье́тро Ро́сси. Он италья́нец. Он говори́т по-италья́нски.
5. Хуа́н Са́нтос. Он испа́нец. Он говори́т по-испа́нски.
6. Жюли́ Леру́. Она́ францу́женка. Она́ говори́т по-францу́зски.
7. А́нна Ковалёва. Она́ ру́сская. Она́ говори́т по-ру́сски.

②

францу́зское вино́	испа́нская актри́са
италья́нские тури́сты	неме́цкая газе́та
ру́сский писа́тель	англи́йские журна́лы

③

1. Алекса́ндр Пу́шкин - ру́сский поэ́т.
2. Пётр Чайко́вский - ру́сский компози́тор.
3. Федери́ко Фелли́ни - италья́нский режиссёр.
4. Жюлье́т Бино́ш - францу́зская актри́са.

Fiche 16

①

1. Ты гуля́ешь.
2. Мы игра́ем.
3. Они отдыха́ют.
4. Она́ не отвеча́ет!
5. Я говорю́, а вы не слу́шаете.
6. Ты ку́ришь?
7. Они́ не понима́ют.
8. Вы зна́ете, где по́чта?
9. Мы обе́даем.
10. Он рабо́тает до́ма.

②

Де́вочка чита́ет. Кот (ко́шка) игра́ет.
Ма́льчик и соба́ка гуля́ют. Же́нщина отдыха́ет.

③

1. Я не понима́ю!
2. Я не зна́ю!
3. Что вы говори́те?
4. Я ду́маю, что э́то на́ша гости́ница!

Fiche 17

①

1. Я хорошо́ говорю́ по-ру́сски.
2. Она́ ничего́ не понима́ет.
3. Мы ча́сто рабо́таем до́ма.
4. Вы о́чень бы́стро говори́те по-францу́зски.

②

Он о́чень пло́хо говори́т по-ру́сски.
Она́ о́чень ме́дленно говори́т.
Вы ма́ло чита́ете.
Они́ ре́дко гуля́ют.
Я не понима́ю!

Fiche 18

② **8, 18, 84, 11, 210, 25, 47, 99, 136**

③ **2 ; 44 ; 54 ; 26 ; 40 ; 16**

Fiche 19

①

1. Ма́ша в ко́мнате.
2. Шофёр в авто́бусе.
3. Газе́та на дива́не.
4. Ро́зы в ва́зе.
5. Кни́га на окне́.
6. Ва́ся на сту́ле.

②

Кни́га в портфе́ле. Ва́за на столе́. Кранда́ш на кни́ге. Су́мка на сту́ле. Ла́мпа на столе́. Мужчи́на в маши́не. Ма́льчик на дива́не. Ко́фе на газе́те.

③

1. Ива́н рабо́тает на по́чте.
2. Тури́сты обе́дают в рестора́не.
3. Ученики́ говоря́т по-ру́сски на уро́ке.
4. Де́ти игра́ют в футбо́л в па́рке.
5. Тури́сты отдыха́ют в гости́нице.

Fiche 20

①

Кни́га лежи́т на окне́.
Де́душка сиди́т на дива́не.
Маши́на стои́т в гараже́.
Буфе́т стои́т в ко́мнате.

②

Мужчи́на сиди́т в маши́не. Кот сиди́т на маши́не.
Су́мка стои́т на сту́ле.
Ла́мпа стои́т на столе́.
Ма́льчик лежи́т на дива́не.
Каранда́ш лежи́т на кни́ге.
Тетра́дь лежи́т в портфе́ле.

③ L'ordre des mots pourrait vous surprendre. Le complément de lieu se place souvent au début.

В ко́мнате стоя́т стол и стул. На столе́ лежа́т кни́ги, газе́ты, журна́лы. На сту́ле сиди́т же́нщина. Она́ чита́ет.

Fiche 21

①

1. Я живу́ в Пари́же.
2. Мы живём в Ло́ндоне.
3. Она́ живёт во Фра́нции.
4. Он живёт в Москве́.
5. Вы живёте в Росси́и.
6. Ты живёшь на у́лице Гли́нки?
7. Они́ живу́т в до́ме но́мер три.
8. Я живу́ в кварти́ре семь.

②

Я живу́ во Фра́нции, в Пари́же, на бульва́ре Сен-Мише́ль, в до́ме шестна́дцать.
Я живу́ в Росси́и, в Петербу́рге, на у́лице Го́голя, в до́ме два́дцать пять, в кварти́ре се́мьдесят.
Я живу́ в Росси́и, в Но́вгороде, на у́лице Ми́ра, в до́ме два, в кварти́ре оди́ннадцать.

Fiche 22

①

1. Я люблю́ теа́тр.
2. Он не лю́бит му́зыку.
3. Он чита́ет газе́ту.
4. Мы хорошо́ зна́ем Москву́.
5. Вы лю́бите Росси́ю?
6. Они́ смо́трят фильм.
7. Мы слу́шаем конце́рт.
8. Ты чита́ешь журна́л?

③

1. Де́душка чита́ет газе́ту.
2. Я люблю́ Росси́ю.
3. Ты зна́ешь Ната́шу?
4. Вы лю́бите дере́вню?

Fiche 23

①

1. Вы ви́дите актёра?
2. Ученики́ слу́шают учи́теля.
3. Ты слы́шишь му́зыку?
4. Там я ви́жу пляж и мо́ре.
5. Кто зна́ет Ма́шу?
6. Я люблю́ Бори́са!
7. Ты ви́дишь ма́льчика?
8. Тури́ст слу́шает ги́да.

②

Кто тебя́ слу́шает? Qui t'écoute ?
Кого́ ты слы́шишь? Qui entends-tu ?
Кого́ ты слу́шаешь? Qui t'écoute ?
Кто тебя́ слы́шит? Qui t'entend ?

③

1. Как его́ зову́т?
2. Как её зову́т?
3. Как их зову́т?
4. Де́вочку зову́т Ната́ша.
5. Дире́ктора зову́т Ива́н Бело́в.

Fiche 24

①

- Я о́чень хочу́ есть!
- Что ты берёшь?
- Я не зна́ю! Како́й э́то суп?
- Борщ! Ты лю́бишь борщ?
- О́чень! До́ма я ча́сто ем борщ!
- Я то́же беру́ борщ!
- Ну, а что ещё мы еди́м? Ты хо́чешь ры́бу?
- Нет, я беру́ котле́ты. Что ты пьёшь, вино́, во́дку?
- Что ты! Я пью то́лько во́ду!

Fiche 25

①

1. У́тром я за́втракаю до́ма.
2. Днём он на рабо́те, а ве́чером - в теа́тре.
3. -Что ты сейча́с де́лаешь? - Я чита́ю!
4. Сейча́с де́ти обе́дают, а пото́м гуля́ют в па́рке.
5. Ле́том мы всегда́ отдыха́ем на мо́ре.
6. Она́ никогда́ не ест ры́бу.

②

1. До́брое у́тро!
2. Ле́том он живёт в дере́вне, а зимо́й - в го́роде.
3. Я люблю́ весну́.
4. Ве́чером мы у́жинаем в рестора́не.

③

1. Что вы де́лаете сего́дня ве́чером? А за́втра ве́чером?
2. Когда́ вы до́ма?
3. Днём я на рабо́те.
4. Како́й краси́вый ве́чер!
5. Что вы лю́бите де́лать ле́том?

Fiche 26

①

1. В понеде́льник я сижу́ до́ма.
2. Что ты де́лаешь в суббо́ту ве́чером?
3. В январе́ и в феврале́ мы рабо́таем в Москве́.
4. В сре́ду Ива́н игра́ет в футбо́л.

②

В понеде́льник он игра́ет в волейбо́л.
Во вто́рник он в Эрмита́же. Он смо́трит музе́й.
В сре́ду он игра́ет в те́ннис.
В четве́рг он в теа́тре. Он слу́шает о́перу ФА́УСТ.
В пя́тницу он рабо́тает в библиоте́ке. Он чита́ет.
В суббо́ту он у́жинает в рестора́не.
В воскресе́нье он отдыха́ет.

Fiche 27

①

1. Вот наш учи́тель. Он идёт в класс.
2. - Приве́т! Куда́ ты идёшь? На уро́к!
3. За́втра мы е́дем в Петербу́рг!
4. Тури́сты е́дут в теа́тр на авто́бусе.

②

1. Тури́сты стоя́т там.
2. Куда́ вы идёте?
3. Музе́й сле́ва.
4. Де́ти иду́т домо́й.

③

1. За́втра я е́ду в Москву́.
2. Сего́дня ве́чером мы идём в теа́тр.
3. Тури́сты стоя́т на у́лице.
4. Они́ иду́т в гости́ницу.
5. Куда́ ты е́дешь? - На рабо́ту!
6. Мы уже́ в Петербу́рге!

④

Де́вушка идёт в банк.
Мужчи́на идёт в бар.
Мужчи́на и де́вочка иду́т в шко́лу.
Же́нщина идёт в теа́тр.
Ма́льчики иду́т в парк.
Мужчи́на е́дет в Москву́.

Fiche 28

①

1. Обы́чно я хожу́ на рабо́ту пешко́м.
2. Сейча́с А́нна е́дет в теа́тр.
3. Ка́ждый день де́душка хо́дит в парк.
4. Вот Стёпа. Куда́ он идёт?
5. Ле́том мы иногда́ е́здим в Ита́лию.

②

На у́лице	- Приве́т, куда́ ты идёшь?
	- В бассе́йн.
	- Ты ча́сто туда́ хо́дишь?
	- Да, я туда́ хожу́ ка́ждый вто́рник.
В авто́бусе	- А́нна Его́ровна! Како́й сюрпри́з!
	- Ива́н Петро́вич! Вы куда́ е́дете?
	- На рабо́ту. Я иногда́ е́зжу туда́ на авто́бусе.
В гостя́х	- За́втра мы е́дем в Пари́ж!
	- Что вы говори́те! Вы в пе́рвый раз туда́ е́дете?
	- Нет! Мы ча́сто е́здим во Фра́нцию.

③

1. Он ме́дленно хо́дит.
2. Ты о́чень бы́стро е́здишь!
3. Наш сын о́чень ма́ленький : он ещё не хо́дит!

Fiche 29

①

1. Чей это телефо́н?
2. Чья э́то соба́ка?
3. Чьи э́то де́ти?
4. Чьё э́то вино́?

②

Э́то стол дире́ктора. Э́то ры́ба Ба́рсика. Э́то ту́фля Це́заря. Э́то маши́на Тама́ры. Э́то гита́ра Анто́на. Э́то портфе́ль О́льги. Э́то су́мка Га́ли. Э́то балала́йка Бори́са. Э́то самова́р ба́бушки. Э́то дом И́нны и Гле́ба.

③

Тамара - учи́тельница му́зыки. Муж Тама́ры, Оле́г- журнали́ст ; он дире́ктор журна́ла "Теа́тры Петербу́рга". Ната́ша, до́чка Тама́ры и Оле́га - студе́нтка университе́та.

Fiche 30

①

1. Здесь есть библиоте́ка?
2. Тут нет телефо́на?
3. В Костроме́ есть порт.
4. На у́лице Че́хова есть шко́ла и по́чта.
5. Где кни́га? На столе́ книги нет!

②

В го́роде есть парк.
В магази́не есть икра́.
На по́чте нет телефо́на.
В буты́лке нет воды́.

③

В гости́нице есть рестора́н, спортза́л, парк и бассе́йн. В но́мере есть телеви́зор и душ.
В гости́нице нет по́чты, нет ба́нка, нет магази́на, нет телефо́на в но́мере.

Fiche 31

①

1. У Оле́га есть кни́га о Петербу́рге.
2. У ба́бушки есть ко́шка.
3. У дире́ктора нет компью́тера!
4. У А́нны и Ива́на есть но́вая маши́на.
5. У Андре́я нет портфе́ля.

②

1. У вас есть а́дрес в Москве́?
2. У них есть мой телефо́н?
3. У тебя́ есть маши́на?
4. У меня́ нет вина́, но у меня́ есть ко́фе!

Fiche 32

①

Сего́дня жа́рко! Мы идём купа́ться.
Сего́дня идёт снег, де́ти ката́ются на са́нках в па́рке.
Зимо́й я ча́сто ката́юсь на лы́жах.
Анто́н хорошо́ ката́ется на конька́х.

②

Сего́дня хо́лодно?
Кака́я сего́дня пого́да?
В Москве́ идёт дождь?

③

В Москве́ тепло́, со́лнце.
В Му́рманске хо́лодно, идёт снег.

Fiche 33

①

1. Я пишу́ ба́бушке.
2. Ма́ша пи́шет дру́гу.
3. Ты пи́шешь колле́ге?
4. Роди́тели пи́шут сы́ну.
5. Вы пи́шете Оле́гу Ива́новичу?
6. Мы пи́шем актри́се.

②

Кому́ она пи́шет? - Подру́ге.
Куда́ она пи́шет? - В Москву́.
Отку́да она пи́шет? - Из Пари́жа.

③

1. Я говорю́ тебе́, что уже́ по́здно.
2. Он мне даёт газе́ту.
3. Я вас слу́шаю!
4. Вы ему́ ча́сто пи́шете?
5. Кому́ ты звони́шь?

④

1. Я тебе́ пишу́.
2. Вы мне отвеча́ете.
3. Он им даёт письмо́.
4. Она́ звони́т дру́гу.

Fiche 34

①

Мне пло́хо.
Тебе хо́лодно?
Ему мо́жно рабо́тать.
У Стёпы температу́ра.

② Ce ne sont, bien évidemment, que des exemples de dialogues :

Врач : Что у вас боли́т?
Пацие́нт : Голова́!
Врач : А температу́ра есть?
Пацие́нт : Не зна́ю!
Врач : Вам жа́рко?
Пацие́нт : Да!
Врач : Вам нельзя́ ехать в Пари́ж, вам на́до лежа́ть!
Пациент : Но мне на́до е́хать в Пари́ж!

Врач : Что у вас боли́т?
Пацие́нт : У меня́ о́чень боли́т нога́!
Врач : Вы мо́жете ходи́ть?
Пацие́нт : Нет, не могу́!
Врач : Вам нельзя́ ходи́ть на рабо́ту!
Пацие́нт : А на маши́не е́здить мо́жно?
Врач : Нет! Вам на́до лежа́ть!

Fiche 35

①

1. Мы е́дем в Москву́ с бра́том и сестро́й.
2. Они́ едя́т колбасу́ с хле́бом.
3. Вы пьёте ко́фе с молоко́м.
4. Он ча́сто е́здит в Пари́ж с жено́й.
5. Дире́ктор идёт на рабо́ту с портфе́лем.
6. Он говори́т с това́рищем.

②

- Ты зна́ешь Стёпу? - Кого́? - Стёпу!	- Я пишу́ А́не. - Кому́? - А́не!	- У нас нет компью́тера! - Чего́? - Компью́тера!
- Я ду́маю о ле́те! - О чём? - О ле́те!	- Я с Ива́ном. - С кем? - С Ива́ном!	- О́льге пло́хо! - Кому́? - О́льге!

③

1. Он рабо́тает со мной.
2. Вы е́дете в Москву́ с на́ми?
3. В кем вы говори́те?
4. Я не люблю́ ко́фе с молоко́м!

Fiche 36

①

1. Ма́ша открыва́ет дверь.
2. Поэ́т пишет об о́сени.
3. Мать идёт в парк с до́черью и сы́ном.
4. У тебя́ нет тетра́ди?
5. Ма́льчик идёт в шко́лу с портфе́лем и тетра́дью.
6. Гид расска́зывает о це́ркви.
7. Учи́тель закрыва́ет тетра́дь.
8. Сейча́с ночь. Тебе́ на́до спать!

②

Роди́тели лю́бят дочь.
Роди́тели говоря́т с до́черью.
Оте́ц расска́зывает о до́чери.

③ Во вто́рник мы е́дем в Но́вгород с подру́гой и её ма́терью. Я люблю́ е́здить туда́ о́сенью. Там есть краси́вая це́рковь. Я хочу́ её ви́деть.

Fiche 37

①

1. Вчера́ Ива́н Васи́льевич был в теа́тре.
2. Ма́ша, ты рабо́тала вчера́?
3. Вы уже́ смотре́ли э́тот фильм?
4. В а́вгусте бы́ло о́чень жа́рко!
5. Тури́сты гуля́ли по го́роду, пото́м обе́дали в рестора́не.

②

А́нна рабо́тала в ба́нке. Где они́ бы́ли?
Что вы де́лали? Мы игра́ли в те́ннис.
Та́ня, где ты отдыха́ла? Па́па смотре́л телеви́зор.

③

A

Он живёт в Москве́.
Она́ хо́чет есть.
Он ест блины́.
Мы пьём чай.

B

Она́ сиде́ла там.
Кни́га лежа́ла на столе́.
А́ня писа́ла письмо́.
Вы бра́ли ко́фе?

Fiche 38

①

Приве́т, Ка́тя!
Ско́ро бу́дут кани́кулы. Я ещё не зна́ю, что бу́ду де́лать.
Мо́жет быть, в ию́ле мы со Стёпой бу́дем в дере́вне, недалеко́ от Москвы́. У ба́бушки там есть дом. Мы уже́ там бы́ли зимо́й, ката́лись на лы́жах. Говоря́т, что ле́том там о́чень краси́во. Мы бу́дем купа́ться в реке́ и гуля́ть в лесу́, ве́чером бу́дем пить чай на терра́ссе! Что ты бу́дешь де́лать в ию́ле? Хо́чешь отдыха́ть в дере́вне с на́ми? Пиши́!
Пока́! Ма́ша.

②

Она́ бу́дет отдыха́ть.
Мы бу́дем чита́ть газе́ты.
Они́ бу́дут ката́ться на лы́жах.
Мне бу́дет хо́лодно.
Бу́дет хоро́шая пого́да.

Fiche 39

①

Одно́ письмо́.
Две газе́ты.
Пять студе́нтов.
Де́сять маши́н.
Четы́ре авто́буса.
Пять тетра́дей.

②

Одна́ кни́га. Три кота́ (ко́шки). Четы́ре ма́льчика.
Две ла́мпы. Шесть карандаше́й. Одно́ окно́.

③

Вы : Да́йте мне, пожа́луйста, де́сять карандаше́й, шесть тетра́дей, две ру́чки и два́дцать диске́т!
Продаве́ц : Два́дцать пять рубле́й, пожа́луйста!

Fiche 40

①

Семь часóв. Два часá. Дéвять часóв. Час. Оди́ннадцать часóв.

③

1. Натáше двáдцать вóсемь лет.
2. Áнне Петрóвне сóрок оди́н год.
3. Олéгу Ивáновичу пятьдеся́т два гóда.

Achevé d'imprimer en mars 2006 dans les ateliers de Normandie Roto Impression s.a.s., 61250 Lonrai
N° d'impression : 060517 – Dépôt légal : mars 2006 – *Imprimé en France*